凉白开集

一本人生的智慧指南

姚钦 著

文汇出版社

前言 | 凉白开集的由来

凉白开，即白开水，我们知道烧开的水叫"开水"，放凉了也就"白开"了。所以，我们把放凉的开水叫"白开水"，又叫"凉白开"。一杯凉白开，清淡无奇，但对我们的生命而言，却又不可或缺！

水是生命的源泉，我们每天都要补充充足的水分才能维持生理机能的正常运转。其实，生活中也有许多平淡如"白开水"一样，却又弥足珍贵的知识。虽然这些知识看似简单，极为普通，但却能像"凉白开"一样，渗透到我们生活的每一个角落。对此，就像每天喝水一样，我们都习以为常，甚至常常忽略它们的存在，认为这是理所应当，本该如此。

前言

然而,对于这些看似"浅显"的知识,如果我们不能做到深刻地体会和深入地理解其背后更深层次的原理,"只知其然,不知其所以然",即便耳熟能详,也仍然获益甚微。

在工作和生活中,我们遇到的绝大多数问题都不乏前人总结的经验和道理,但真正遇到相关问题的时候,即使这些经验和道理就摆在面前,我们仍然不知道该如何选择和使用。"道理我都懂,但是……",这往往会是我们的第一反应。道理,我们真的懂吗?其实不然!因为我们没有经过系统的反思,对这些经验和道理的认识只停留在表层,并没有真正理解和理会,所以我们不懂得如何选择和使用。这也是在现实社会中,我们经常面临的问题!

《凉白开集》,把生活中一些平淡如"白开水"一样,却又弥足珍贵的知识收集起来,以一个全新的视角,深入解读它们背后更深层次的原理,以此帮助我们从中收获更多的价值。

写《凉白开集》这本书,是希望它能像"凉白开"一样,在潜移默化中滋润每一位读者的人生!

目录

前言 | 凉白开集的由来

001　序 | 哲学，人生的必修课

第一集　生活与情感

010　感恩"不美好的经历"

016　主观世界的平衡法则

025　因为缺少，所以美好

030　什么是"美"

036　何为"爱、情"

第二集 职业与发展

- 046　关于社交
- 053　知识工具如何创造物质财富
- 060　大多数人的成功之路丨认知之路
- 066　大多数人的成功之路丨心法之路
- 073　大多数人的成功之路丨践行之路

第三集 成长与教育

- 082　不该有的"聪明"
- 088　从"聪明"到"智慧"
- 094　几种成长方式
- 101　间接语言的艺术
- 108　汉语词汇里的智慧
- 116　育人之道

第四集	认知与心理		
		126	失去，另一种形式的得到
		136	自信、自卑、自负
		144	我们为什么那么固执
		150	我们是否夸大了金钱的价值
		155	我们真的自由吗
		163	幸福快乐的公式

第五集	哲思与生命		
		174	命运的可为与不可为
		182	人生的三个阶段
		189	生命的意义
		196	生命的价值
		204	敬畏生命，敬畏死亡

序 | 哲学，人生的必修课

> 学习其他专业学科是为了能够掌握某种技能，成为某种人或某种职业的人；而学习哲学却是为了使我们成为有独立思想的人！
>
> 哲学不是一门有直接功用价值的专业学科，但哲学的思想能够帮助我们更好地实现其他专业学科的功用价值。

/ 我们为什么要学习哲学 /

说起哲学，可能我们的第一反应都会觉得哲学太形而上了，和普通人距离太遥远。作为普通人，我们能把手上的工作做好，把自己的生活过好才是最实际的。至于哲学，

序

还是留给那些哲学家们去思考吧!

其实,我们都误会哲学了。哲学并没有我们想象的那么深不可测、遥不可及,反而我们身边很多简简单单、稀松平常的话题都属于哲学的范畴。

学习哲学并不一定要成为哲学家,而是可以通过哲学的思想帮助我们更好地工作和生活,就像我们学习科学不一定要成为科学家,学习文学不一定要成为文学家。科学帮助我们认识自然事物,了解自然现象;文学帮助我们学习语言知识和沟通技能,提升表达能力;而哲学帮助我们的是提高认知思想和感知事物的能力。

哲学不一定要去研究"我是谁?我从哪里来?我要到哪里去?我为什么活着?"这类虚无缥缈的话题,但哲学可以帮助我们思考:我们为了什么而活着?我们如何才能生活得更好?如何才能让工作和生活不那么疲惫?什么是生命中可有可无的?什么是活着必须要争取的?我们为什么会经常陷入苦痛和挣扎?怎么样才能使我们获得更多的幸福快乐……而这些,都是与我们的人生息息相关的话题!

哲学探究的是人的思想活动,而思想活动在每一个人身上无时无刻不在发生,它直接关系着我们的内心需求和行为举止。学习哲学不仅能帮助我们认识人的内心世界,还能为我们解释"人为什么会有这样的内心活动,以及为什么会做出这样的行为?"

学习其他专业学科是为了能够掌握某种技能,成为某种人或某种职业的人;而学习哲学却是为了使我们成为有独立思想的人。哲学不是一门有直接功用价值的专业学科,但哲学的思想能够帮助我们更好地实现其他专业学科的功用价值。哲学作为一门综合指导性学科,具有抽象性、反思性、普遍性的特点。事实上,人类所从事的一切生产经营活动都需要哲学的思想作为指导,也可以说"哲学是一切学科之母"。如果用一句话总结哲学的价值,那就是"无用而无所不用"。所以,我们要学习哲学!

/ 什么是哲学 /

冯友兰在《中国哲学简史》说:"哲学就是对于人生的有系统的反思思想。"胡适在《中国哲学史大纲》

序

指出："凡研究人生切要的问题，从根本上着想，要寻一个根本的解决，这种学问，就叫做哲学。"

这是东方文化对哲学的理解。

英国哲学家罗素说："哲学是某种介乎神学与科学之间的东西。它和神学一样，包含着人类对于那些迄今仍为科学知识所不能肯定之事物的思考；它又像科学一样是诉之于人类的理性而不是诉之于权威，不论是传统的权威还是启示的权威。一切确切的知识都属于科学；一切涉及超乎确切知识之外的教条都属于神学。介乎神学与科学之间还有一片受到双方攻击的无人之域，这片无人之域就是哲学。"

这是西方文化对哲学的定义。和我们理解的哲学不太一样，这可能就是东西方文化之间的差异吧！

其实我理解的哲学就是对生活中一些普普通通的问题、答案、知识、总结有着更进一步的体会和理解，探究其更深层次的原理，不仅要知其然，还要知其所以然，也就是说我们需要在这些问题、答案、知识、总结的前面再加一个"为什么"。为什么"书中自有黄金屋,书中自有颜如玉";为什么"三人行,必有我师";为什么"学而不思则罔,思而不学则殆";为什么"学习如逆水行舟,不进则退";为什么"物或损之而益,或益之而损";为什么"以身教者从,以言教者讼";为什么"祸兮福所倚,福兮祸所伏";为什么"己欲立而立人,己欲达而达人";为什么"勿以恶小而为之,勿以善小而不为";为什么"登高而招,臂非加长也,而见者远。顺风而呼,声非加疾也,而闻者彰";为什么"天下难事,必作于易;天下大事,必作于细";为什么"社会实践是检验真理的唯一标准"!

/ 科学、哲学与宗教 /

如果说科学是研究自然界客观事物的一门学科,那么哲学就是研究人的主观思想活动的一门学问!科学告诉我们的是客观世界的原理,而哲学解释的是我们内心活动的原理。科学需要我们对客观事物理性地分析和判断,而哲学需要我们对主观思想感性地思考和体会。科学教会我们如何才能更好地与自然环境相处,而哲学教会我们如何才

哲学探究的是人的思想活动,它直接关系着我们的内心需求和行为举止!

序

能更好地与人相处，与自己的内心相处。科学给予我们知识，而哲学赋予我们智慧！

"科学技术是第一生产力"，社会的发展离不开科学。科学的进步使我们的经济得到快速的发展，科学能帮助我们解决物质生活需求，提升物质生活水平，但唯有哲学能充实我们的内心世界，提高我们的精神生活品质。科学想要朝着对人类有利的方向发展，就必须要借助哲学的思想作为指导。

有些人可能对哲学和宗教傻傻分不清，其实哲学和宗教之间有着本质的区别。哲学是一门纯粹的反思思想活动的学问，而宗教是在哲学思想的基础上进行的有组织、有仪式的教条主义活动，有着特定的目的性。宗教有着哲学的影子，所以，宗教也会体现对思想的反思。就像冯友兰在《中国哲学简史》说的，宗教是某种哲学加上一定的上层建筑，包括迷信思想、教条教义、鬼神学说、祖先崇拜等。

/ 经过哲学的思考 /

经过哲学的思考，或许我们就能理解为什么"言知之易，行之难"；

经过哲学的思考，或许我们就会明白有时候努力和收获并不一定成正比；

经过哲学的思考，或许我们就会意识到自己需要的不是很多钱，而是更多的钱；

经过哲学的思考，或许我们就会知道读书不仅可以转化为财富，还可以让我们不再需要那么多财富；

经过哲学的思考，或许我们就能明白为什么"一千个人眼中有一千个哈姆雷特"；

经过哲学的思考，或许我们就能理解为什么有了财富和自由，我们依然感受不到更多的幸福和快乐；

经过哲学的思考，或许我们就能意识到工作其实不需要那么拼命，生活依然可以过得很好；

经过哲学的思考，或许我们就能理解自己为什么会常常陷入烦恼和挣扎之中。因为有一种叫"欲望"的东西在从中作梗！

哲学探究的是人的思想活动，它直接关系着我们的内心需求和行为举止！

『缺少』就像是生命中的导航仪,为我们指明方向;

『缺少』又像是我们潜意识里的发动机,驱动着我们朝着特定的方向努力;

『缺少』也像是潜藏在我们身体里的充电宝,在我们动力不足时,及时为我们补充能量!

——《凉白开集》

第一集 | 生活与情感

第一集

感恩"不美好的经历"

> 老子说:"上善若水,水善利万物而不争,处众人之所恶,故几于道。"不美好的经历亦是如此,它泽被万物而不争名夺利,被众人厌恶,却依然能够兢兢业业、始终如一;所以,不美好的经历和水一样接近于"道"!

如果有一个好消息和一个坏消息,我们都倾向于早点听到这个好消息,尽可能地躲避这个坏消息。同样的道理,如果有一段美好的经历和一段糟糕的经历,我们都会对这段美好的经历津津乐道,回味无穷;对于这段糟糕的经历尽可能避而不谈。因为美好的经历给我们带来了美好的体验和感受；糟糕的经历，体验和感受与经历一样糟糕！

每个人都不喜欢不愉快的感觉，所以我们打心底里就排斥那些不美好的经历。然而，倘若没有那些不美好的经历，生活真会变得更好吗？我们可能都被我们的感觉"欺骗"了。

/ 对经历的评判，
不能仅凭一时的感觉。/

胜利的喜悦，背后可能是"骄兵必败"；"天上掉馅饼"可能会使一个人堕落无为；过早的成功往往经不起时间的考验；太容易得到的东西也会更容易失去！

失败的经历可能会使我们感到失落和沮丧，但在失败中我们积累了通往成功的经验；被伤害的经历可能会给我们带来失望和悲伤的感受，但我们从被伤害的经历中也学会了自我保护和保护他人；孤独的经历会使我们感到寂寞和焦虑，但孤独也使我们的内心变得强大，使我们学会如何与自己相处、与内心相处。

人生不如意十之八九，怀有一颗『感恩之心』，方能体验生命的美好。

第一集

美好的经历固然美好,但过后产生的影响却不一定是好的,不美好的经历虽然给我们带来不愉快的体验和感受,但过后产生的影响却有可能是极具价值的。所以,我们不能仅仅凭借一时的感觉来作为经历好坏与否的评判标准。

/ 不美好的经历,
不可或缺的价值。/

每一次不同的经历都是一次体验的过程。美好的经历使我们心情愉悦、对生活充满期待,使我们心存善念、心怀感恩、心寄希望,也使我们感受到生命的美好。而不美好的经历培养我们的是坚韧的意志、坚定的态度和艰苦卓绝的精神,使我们在挫折中成长,在反思中自我完善,在困难中不断进化生存的技能。

我们生平绝大多数"美好的经历"都是建立在"不美好的经历"的基础上。不美好的经历虽然没有直接给我们带来幸福快乐的体验和感受,但它却为美好的经历创造了机会,为幸福、快乐的体感和感受做好了铺垫。也正因为有了"不美好的经历"的对比,我们才能更好地体会到"美好的经历"的美好。

经历过孤独，我们便更能体会到人情的温暖；经历过失去的痛苦，我们便更懂得珍惜拥有时的美好；经历过艰难困苦的阻碍，我们才更能体会到克服困难之后的喜悦；经历过离别的伤感，我们便更能感受到团聚时的幸福美满；

经历过嘲讽和诋毁，我们便更能感受到人情冷暖和人言可畏，懂得了"己所不欲，勿施于人"，学会了换位思考和将心比心；经历过被利用、被伤害的痛楚，我们便学会了保护自己、保护家人以及尽可能地避免伤害他人；

经历过奔波劳碌的辛苦，我们才更能感受到闲暇时光的释然与自在；经历过失败时的迷茫，我们便积累了通往成功的经验，成功也更能经得住时间的考验；经历过无可奈何的心力交瘁，我们便懂得了知足常乐和随遇而安！

如果说一个伟大的成功者离不开一个伟大的对手，那

> 人生不如意十之八九，怀有一颗『感恩之心』，方能体验生命的美好。

第一集

么不美好的经历便是每个人一生中最伟大的对手,它激发我们的潜能,磨炼我们的意志,时刻督促我们进步,使我们在逆境中成长,在进步中仍能保持警惕;只有跨越不美好的经历,美好的经历才会向我们迎面走来。

"三分天注定,七分靠打拼,爱拼才会赢",这需要打拼的七分便是奋斗的经历,也是在与不美好的经历做抗争。"不经一番寒彻骨,怎得梅花扑鼻香",我们需要在不美好的经历中磨炼,我们也需要在不美好的经历中成长和升华!

/ 经历,
最珍贵的财富。/

经历决定了一个人的认知、思想、习惯、行为方式和价值观念。经历使每个人都能成为一个独一无二的个体,让每个人与众不同,也让每个人有着独特的价值。在某种意义上,是经历决定了我之所以会成为"我"!

经历是每个人身上拥有的最珍贵的财富。在经历中,

生活与情感

我们认知事物，感知生命，总结规律；在经历中，我们感受人情冷暖，经历悲欢离合，体验喜怒哀乐；在经历中，我们创造财富，改变命运，享受生活。对美好的经历我们应该心怀热忱，对不美好的经历我们更应该心存感恩。学会珍惜和体验生命中的每一段经历，无论其美好与否，便是学会了珍惜生命！

> 过去的经历是我们现在的缩影，现在的经历是我们将来的缩影。过去的经历决定了我们现在的选择，现在经历又决定了我们未来的方向。我们需要认真审视过去的经历，才能认清现在的自己，这也将决定我们将来的命运。

人生不如意十之八九，怀有一颗『感恩之心』，方能体验生命的美好。

第一集

主观世界的平衡法则

> 生活在这个世界里,每个人都在寻找内心的平衡,有意识能量信息的输入,就需要有意识能量信息的输出。当接收到某种形式的能量信息导致我们的内心不平衡的时候,我们就会想要输出某种形式的能量信息来重新找回内心的平衡!

/ 主观意识平衡 /

客观世界里有一种平衡叫"物质能量守恒",即物质能量之间可以互相转化,但能量不会凭空出现,也不会凭空消失,只会以一种形式的能量转化为另一种形式的能量。

生活与情感

其实，主观世界也同样遵循着"意识能量"的平衡，即我们的大脑接受的意识能量信息，不会凭空出现，也不会凭空消失，要么储存起来，要么释放出去，要么转化为其他形式的意识能量信息。

在工作和生活中，我们经常会接受到一些负能量信息，比如高考落榜、被领导批评、亲人离别或者遭遇情感伤害，这些负能量信息一旦传入我们的大脑里，就不会凭空消失，如果不能及时被中和、转化或释放出去，就会以"意识能量"的形态停留在大脑里，刺激脑神经产生各种负面情绪，进而影响身心健康，甚至产生心理疾病。

再比如那些有"心胸气度"的人，他们之所以有"心胸气度"并不是因为他们的肚子里能装得下多少委屈，而是因为他们能够通过自我调节及时地将接收到的负能量信息转化成其他形式的能量信息，从而避免产生负面情绪。倘若我们自己没有这样的转化能力，我们就需要将接收到的负能量信息及时地中和或释放出去，比如分享、倾诉、发泄或做点喜欢的事等，这些都能有效地帮助我们中和或释放负能量信息。

> 人与人之间的关系就像是玩跷跷板，关键在于能否维持一个稳定的动态平衡。

第一集

/ 寻找内心的平衡 /

生活在这个世界里，每个人都在寻找内心的平衡，有意识能量信息的输入就需要有意识能量信息的输出。当接收到某种形式的意识能量信息导致我们的内心不平衡的时候，我们就会想要输出某种形式的意识能量信息来重新找回内心的平衡。

比如，不顺心的时候，我们就会想找人倾诉或找地方发泄；遇到高兴的事，我们就想找人分享；学到了知识、技能，我们就想找机会一展才华。阅历丰富的老人喜欢向年轻人分享自己的人生经验；越是受了委屈的小朋友越是想要得到心爱的礼物；当别人怀疑或者否定我们的观点时，我们就会下意识地想要找论据反驳它们，这些都是我们在有意识地寻找内心的平衡。

/ 付出与回报的平衡 /

在人与人相处的关系中，无论我们付出什么，总会想要得到某种形式的回报。回报的形式可以是物质层面的，

生活与情感

也可以是精神层面的，但至少在我们的内心需要感觉到这种付出与回报是平衡的。比如在劳务关系中，我们付出时间和精力，需要获得等价的金钱和物质；在恋爱关系中，我们付出真心与时间，我们期待对方能够成为自己心灵的港湾，改变枯燥乏味的生活，从此远离一个人的孤独；在朋友关系中，我们付出关心与陪伴，我们希望在喜怒哀乐的时候有人分享，在未来充满泥泞的道路上有人"搀扶而行"；在亲子关系中，我们付出物质与精力，是因为孩子承载着一个家庭的欢乐和希望，我们渴望从孩子身上得到精神生活的满足。

每个人心中都有一杆天平，始终衡量着付出与回报之间的平衡。即便有些人能做到"大恩不言谢"，但他们还是在精神方面获得了想要的回报，所以他们的内心是平衡的。所谓"助人为乐，不图回报"，事实上并不是真的不需要回报，只是这种回报不需要他人额外付出罢了！在帮助别人的同时，自己的精神需求也得到了满足，这已然是一种回报。

即便我们说"助人为乐"也是需要回报的，但这并不

> 人与人之间的关系就像是玩跷跷板，关键在于能否维持一个稳定的动态平衡。

能否定"助人为乐"精神的高尚与伟大。能做到只自己付出，自己和他人都能获得满足感，这难道还不值得称赞吗？

对于那些不愿意"助人为乐"的人，并不是因为他们人品有多差或者多么冷血无情，只是因为他们不能体会到因帮助别人而获得的精神需求的满足感。在他们的认知世界里，他们觉得帮助别人就只有"助人"，没有"为乐"，内心是不平衡的，所以他们不愿意帮助别人。

/ 人与人之间的关系 /

在某种意义上，人与人之间的关系都是通过"付出与回报"产生的，在"付出与回报"中，每个人都在寻找内心的平衡。

人与人之间的关系因付出与回报形式的不同，而分为利益关系和情感关系。利益关系，是指在双方利益的基础上，通过"利益的等价交换"而产生的人与人之间的关系。在利益关系中，付出与回报的内容都是物质层面的，比如市场上的买卖关系，买方付钱，卖方提供等价的货物作为交换；企业中的劳务关系，劳方付出时间与精力，资方支付相应的薪资报酬；商业中的合作关系，合作各方付出人力、物力或财力，获得相应比例的利益回报。在利益关系中，"付出与回报"最重要的原则就是平等和公平，因为只有平等和公平的"付出与回报"，双方才会觉得内心是平衡的。

情感关系是建立在"相互需要"的基础上，人与人之间在"付出与回报"中因发生精神生活的互动而产生的一定程度的相互感知、相互信任、相互依赖的关系，比如亲情、爱情、友情。当我们付出时间、精力、金钱或爱心，获得的回报不只是物质层面的，还有精神层面的，就会逐渐产生情感关系。

在"付出与回报"中，如果利益的交换是非等价的，就会产生利益差，我们的内心就会不平衡；内心不平衡，我们就会有意识地用情感去填充。

"利益的非等价交换"为情感关系的升级创造条件，只有当"利益的非等价交换"产生的利益差被情感填平了，我们才能重新回归内心的平衡。

> 人与人之间的关系就像是玩跷跷板，关键在于能否维持一个稳定的动态平衡。

第一集

/ 动态的平衡 /

> 台湾作家王鼎钧说:"人与人的关系好比玩跷跷板,平衡只是一刹那,但目的还是为了追求平衡"。

的确,人与人之间的关系就像是玩跷跷板一样,关键在于相处的过程中能否维持在一个稳定的动态平衡关系。如果有一方破坏了这个动态平衡的关系,游戏也就再难进行下去了。

跷跷板是上下起伏的,但始终是需要维持在一个稳定的动态平衡状态。其中,"动态"告诉我们,在人与人之间的关系中,不是每一次发生的付出与回报都是公平且平等的,有时候可能是付出多一点,有时候可能是回报多一点;而"稳定"又告诉我们,在人与人之间的关系中,虽然不是每一次发生的付出与回报都是公平且平等的,但付出与回报之间是需要稳定变化的,就像跷跷板一样,虽然是上下起伏的,但不能出现一边倒的情况!

生活与情感

/ 被破坏的心里平衡 /

社会在进步，经济在发展，生活水平在提高，唯独我们的快乐不见增长。明明各方面的条件都在变得更好，为什么我们却感受不到比过去更多的快乐呢？

人类文明之所以能走到今天，很大一部分原因是因为我们有"追求更好"的需求。有"追求更好"的需求，我们才会有目标，有目标才能不断进步，所以人不能没有"追求更好"的需求。但"追求更好"的需求一旦超出我们的自身条件和能力范围就会形成"欲望"。

欲望是指超出自身条件和能力范围并且没有节制地想要"追求更好"。欲望使我们不觉知足，始终处在一种内心不平衡的状态，所以我们很难感受到快乐！就像叔本华说的，"欲望是痛苦的根源。"

欲望的滋生，确实也不能完全归咎于我们自己。在资本经济面前，我们可能都是受害者，因为资本经济就像一个"无情的黑手"在幕后操纵着一切。

资本经济运转的核心是要实现经济的持续增长，经济

> 人与人之间的关系就像是玩跷跷板，关键在于能否维持一个稳定的动态平衡。

第一集

想要持续增长,就必须要求我们比过去更努力。使我们比过去更努力最有效的方法就是使我们的欲望实现比自身的经济条件更快的增长。因为欲望增长了,就会加剧我们内心的不平衡,我们就需要更多的金钱和物质才能满足,自然就会付出更多的努力,花更多的时间和精力,去挣更多的金钱和物质。

资本经济就这样通过"欲望"把我们带入永无止境的"无限制的追求更好"的死循环。资本经济一刻也不想让我们停下来,因为我们一旦停下来,经济就会出现停滞,社会就会难以发展。

生活与情感

因为缺少，所以美好

> 我们应该庆幸生命里还有许多缺少的东西，因为有了缺少的东西，我们才能体会到获得时的满足感。倘使有一天我们的生命里什么都不缺了，我们人生的方向会在哪里，生活的动力又是什么，又将从哪里获得体验的美好呢？

/ 缺少的东西会显得尤为重要 /

如果是一个长期受病痛折磨的人，他会告诉我们，这个世界上没有什么能比健康更重要；如果是一个被囚禁在监狱里的罪犯，他会告诉我们，他们最想要的是自由；如

第一集

果是一个上有老下有小、身背几百万房贷的中年上班族，他会告诉我们，钱是这个世界上最美好的东西；当我们再去问一个四十多岁仍然一无所成的中年光棍什么最重要，他会告诉我们，再没有什么比拥有一个健康、完整的家庭来得更加幸福了。

/ 脑补让"缺少"变得更具诱惑 /

当我们对某样东西极度渴望的时候，我们的大脑就会自动屏蔽它不好的一面，好的一面又会在大脑里反复出现，加强我们对它的印象和渴望，这便是"脑补"在发挥作用，它使我们觉得好的比它实际上要更好，差的比它实际上要更差！

就像在爱情故事里，互补型的性格会更容易相互吸引。这是由于"脑补"会让自己性格里缺失而对方性格里拥有的东西显得更具魅力，所以更容易相互吸引。

当我们喜欢一个人的时候，他身上的优点会显得尤为突出；一旦我们开始讨厌这个人了，他身上的缺点也会被我们无限放大。

钱钟书曾经说过:"婚姻就像一座围城,里面的人想出来,外面的人想进去。"单身生活久了的人就会特别渴望婚姻,婚姻生活过久了又会时常怀念一个人的自由。

小时候,在父母的约束下,我们渴望自由,希望自己早点长大,远离父母的视线,想做什么就做什么。十几年的学生时代,我们早已厌倦了日复一日的课程、铺天盖地的作业和无休止的考试,于是我们迫不及待想要走进大学的校园。但真正开始大学生活的时候,我们又盼望着早一点踏上工作岗位,实现经济独立。四年的大学生活转瞬即逝,我们如愿踏上了工作岗位,然而又开始幻想着有房、有车的美好。又过了几年,房子买了,车子也买了,也不会觉得有什么本质上的不一样,于是又开始期盼新的"缺少"的美好。

我们就是这样,习惯性地忽视当下的"拥有",一直脑补着"缺少",把"缺少"的东西包装得如此完美,然后被"缺少"牵引着一路前行!

"缺少"对生命有着不可或缺的价值,每个人都应该理性、客观地面对人生的不完整。

第一集

/ "缺少"是一把双刃剑 /

"缺少"是一把双刃剑，可以在迷茫之时为我们指引方向，成为生活的动力，但如果我们不能正视"缺少"，"缺少"也很有可能会把我们引入深渊！

很多年轻人因为缺少物质保障，坚持自我完善，积极努力工作，提高经济收入，从而改善生活品质；但也会有很多年轻人因金钱的诱惑而丧失理智，开始变得盲目、自私，甚至丢掉最基本的道德底线。有些人因为缺少健康，开始改善饮食结构，加强运动锻炼，逐渐养成了良好的生活习惯；但也会有些人因为缺少健康，整日无精打采、自暴自弃，导致身体每况愈下。

可见，"缺少"这把双刃剑是利是弊，关键还是取决于我们自身的态度。

/ "缺少"在生命里扮演着独特的角色 /

"缺少"是生命中重要的组成部分，每一个人的生命里都不能缺少"缺少"。

"缺少"就像是生命中的导航仪，为我们指明方向；

　　"缺少"又像是我们潜意识里的发动机，驱动着我们朝着特定的方向努力；

　　"缺少"也像是潜藏在我们身体里的充电宝，在我们动力不足时，及时为我们补充能量。

　　"缺少"是生命赋予我们的宝贵财富，我们应该庆幸生命里还有许多缺少的东西，因为有了缺少的东西，我们才能体会到获得时的满足感。倘若有一天我们的生命里什么都不缺了，我们人生的方向会在哪里，生活的动力又是什么，又将从哪里获得体验的美好呢？也许真的等到这么一天，我们的生命也将变得索然无味！

> "缺少"对生命有着不可或缺的价值，每个人都应该理性、客观地面对人生的不完整。

第一集

什么是"美"

> 我们对"美"需要有一个根本上的认识,才能建立好的审"美"意识,行使追求"美"的权利,体验"美"的价值,从事"美"的相关工作!

/ "美"的诞生 /

"美"源于内心的缺失或潜意识里的渴望,是人对需求或潜在需求更高层次的追求!"美"存在于我们的内心,体现于外在的事物。当外在的事物与我们内心的缺失或潜意识里的渴望产生连结时,"美"就诞生了!

生活与情感

/ "美"的特征 /

理论上,"美"并不是客观存在的,而是人们主观意识下的产物。当"美"产生于人类群体内心的需求或潜意识里的渴望时,"美"就会被我们误认为是客观存在的。就像珍珠和钻石,如果是在人们只关心衣、食、住、行的远古时代,没有人会认为它们是美的。随着社会的发展,一些商家为了牟取暴利通过宣传和炒作引诱人们对珍珠和钻石产生了强烈的需求和渴望,珍珠和钻石才一下子跃居成为人们眼中最美的东西。

"美"需要建立在需求或潜在需求的基础上。只有当我们有需求时,我们的内心才会有缺失,潜意识里才会有渴望,才会产生"美";当我们不再需要的时候,"美"也就随之消失了。

如果是对于动物园里的大熊猫来说,它就不会觉得街头长相甜美、身材高挑的女子比动物园里的饲养员大妈美,甚至可能会觉得饲养员大妈更美,因为大熊猫渴望得到饲养员大妈手里的竹子,对街头长相甜美、身材高挑的女子

> 『美』源于内心的缺失或潜意识里的渴望,『美』存在于我们的内心,体现于外在的事物。

第一集

并没有需求，也没有潜在的渴望。所以，在大熊猫或其他动物的眼里，我们认为的美食、美女、美景都不一定是美的，只有在它们自己的内心有需求或潜意识里渴望得到的东西，它们才会认为是美的。

"美"产生于我们的想象，但是不会超出我们的认知范围。我们不会认为认知以外的事物是"美"的，因为认知以外的事物并不在我们的需求范围，我们也不会有潜在的渴望。

"美"起于意料之外，但又回归情理之中。一般我们对"美"的感觉是乍一看意料之外，仔细回味就会觉得合情合理。如果你是一位设计师，可能理解的更为深刻。倘若能设计一款令客户第一眼感觉意料之外，经过回味后又觉得在情理之中的作品，这无疑就是客户想要的"美"的设计。

"美"具有稀缺性。很少有人会觉得随随便便就能得到的东西是"美"的，越是渴望得到但又不容易得到的东西越会被认为是"美"的。就像是在一个饥寒交迫的年代，每个人都在忍受食不果腹、衣不蔽体的煎熬，任意一碗杂酱面，任何一件新棉衣都会被投去羡慕的目光。而如今，在我们这个衣食无忧的年代，几乎没有人还会认为一碗杂酱面或是一件普通的新棉衣会是"美"的！

"美"具有差异性。不同的人对"美"的认知是有差异的。每个人的审美的差异，归根究底还是对"美"的认知的差异，这一点在东、西方文化中表现的尤为明显。

"东方美"和"西方美"在很多领域都有着明显的差异，"东方美"倾向于内敛、含蓄，而"西方美"则侧重外露、直白。比如中国的诗画、文章多是简洁、委婉的表达，惯用的手法是借景抒情、托物言志等，强调"意境美"；而西方的油画、雕塑多是直接的表达，强调"赤裸、直白的美"。这是历史文化造成的东、西方人对"美"的认知的差异，进而才能创造出不同的"美"的作品。

"美"是不断变化的。理论上，"美"没有固定的标准，"美"是因人、因时、因环境的变化而变化的。

同一个人在不同的年龄阶段认为的"美"也是在变化的。因为每个人在成长的过程中，对事物的认知能力和思想观念都是不一样的。不同的对事物的认知能力和思想观

> 『美』源于内心的缺失或潜意识里的渴望，『美』存在于我们的内心，体现于外在的事物。

念就会产生不同的对"美"的认知,从而也会产生不同的审美,比如小时候的我们喜欢卡通和五彩缤纷的"美",成年后的我们就会更倾心于素雅和纯粹的"美"。

"美"是时代的产物。我们经常能在博物馆里看到很多古代的饰品、服饰、器皿,如果是以当代人的眼光来看,我们并不会觉得有多美,即便它们工艺很复杂,做工很精致,看起来很昂贵。但这些工艺复杂、做工细致的昂贵饰品和服饰,在属于他们那个年代的人眼里,可能就会和我们现在认为的钻石、手表、金银首饰、奢侈品包包一样美。

每个时代的"美的标准"都会不一样。就女性美而言,几乎每个年代对女性的"美"都有不同的定义,先秦时代以"柔顺"为美,唐代以"丰腴"为美,宋、明以"三寸金莲"为美,而现代则以"性感"为美!

/ *"美的标准"* /

"美"之所以会有标准,是因为人与人之间存在着很多共性,人的大多数需求或潜意识里的渴望是相同的,就像每个人都需要衣食住行、对异性的渴望和被同类的认同。

生活与情感

有了共性和相同的需求，人们之间再经过相互学习、相互影响，久而久之就会让群体内部之间对美的认知越来越相似，于是就逐渐形成了我们认为的"美的标准"。就像美食、美女、美景，这些都属于人们共同的需求或潜意识里的渴望，人们经过交流、互动、讨论、分享、体验、感受等一系列过程，相互学习和相互影响，最后对同样的美食、美女、美景有了相似的认知。

即便是这样，人们对美的认知也仅仅只能做到相似，不同的人之间对美的认知仍然是存在差异的。同样一份食物，在一个常年食不果腹的人看来，要比吃惯了山珍海味的人觉得更加的美味；同样一位年轻女子，在一个身强力壮的成年男性眼里，要比在一位风烛残年的老人眼里要更加美艳；同样一片山色，在一个一直生活在城市里人眼中，要比在一个从小就生活在山村里的人眼中更加美丽！

> "美"源于内心的缺失或潜意识里的渴望，"美"存在于我们的内心，体现于外在的事物。

我们生活在一个追求"美"的年代，每个人都需要有对"美"的认知和属于自己的对"美"的判断标准。因为只有有了对"美"的认知和属于自己的对"美"的判断标准，我们才能更好地行使追求"美"的权利，体验"美"的价值，从事"美"的相关工作！

第一集

何为 爱、情

> 我们对"情"和"爱"需要有一个根本的理解,才能懂得如何建立情感关系,享受情感体验,处理情感相关的问题!

/ "情"为何物 /

"情",是人与人之间在"相互需要"的基础上,通过"利益的非等价交换"产生的一定程度的感知反射,分为恩情、思情和怨情。

恩情。当我们与他人在"利益的非等价交换"中付出的少而回报的多,我们会觉得他人有恩于自己,就会产生"恩情"。"恩情"积累多了并超过了一个人的"爱的预期值",就会产生"爱"。就像儿女对父母的爱或徒弟对恩师的爱,多为"恩情"的积累。

思情。当我们与他人在"利益的非等价交换"中付出的多而回报的少,且这种多付出少回报是在主动和心甘情愿之下发生的,就会产生"思情"。因为付出了心血和代价,我们就会有一种不舍和思念,这种不舍和思念就是"思情"。"思情"积累多了并超过了一个人的"爱的预期值",也会产生"爱"。比如父母对儿女的爱或主人对宠物的爱,多为"思情"的积累。

怨情。当我们与他人在"利益的非等价交换"中付出的多而回报的少,且这种付出多回报少是在被动和无奈之下发生的,我们就会觉得自己吃了亏,被他人占了便宜,就会心生怨恨,产生"怨情"。"怨情"积累多了并超过了一个人的"恨的预期值",就会产生"恨"。比如我们对一些忘恩负义之人的恨或是对曾经伤害我们之人的恨,多为"怨情"的积累。

"情"是人与人之间情感关系的纽带,我们通过"恩情"

"因美而爱"是源于内心的缺失或潜意识里的渴望,"因情而爱"是源于"思情"和"恩情"的积累。

和"恩情"来连接亲人、爱人、恩人和朋友,通过"怨情"来连接心怀怨恨但又无法忘却或不得不面对的人。

/ 我们因何而"爱" /

我们的需求可以分为生理需求和精神需求。生理需求是为维持生理机能的正常运转而产生的动物本能需求,包括衣食住行、健康、安全、性行为等。当生理需求得不到满足时,我们就会产生对生理物质的强烈渴望,进而就会产生对生理物质的"爱"。除生理需求以外,如情感、自由、理想、价值、尊重等都属于精神需求的范畴,精神需求是我们对生命更高层次的追求。当精神需求得不到满足时,我们同样也会产生对某种精神的"爱"。我们因精神需求产生的爱包含"因美而爱""因情而爱"和"因信仰而爱"!

因美而爱。"美"是基于自身需求或潜在需求的基础上,因内心的缺失或潜意识里的渴望而产生的;所以,"因美而爱"是强烈渴望得到和拥有的爱。因有着强烈的渴望得到和拥有,所以在某种意义上,"因美而爱"是一种"自私"的爱。

生活与情感

"因美而爱"有一个典型的特征就是"快",来的快,去的也快。就像两个素不相识之人,因缘际会,彼此相互吸引,很快就能走到一起,进入热恋期,深爱彼此,不可开交。当内心的缺失或潜意识里的渴望得到满足了,或感受不到对方的"美"了,"爱"也就随之消失了。这种能快速产生,迅速发展,而且也能很快消失的爱,就属于典型的"因美而爱"。

因情而爱,是源于"恩情"和"思情"的积累而产生的爱。"因情而爱"一般都会来的比较缓慢,因为无论是"恩情"还是"思情"的积累都需要时间,日久才能生情。相比"因美而爱","因情而爱"是更"无私"的爱。就像父母之爱子女或伉俪深情之爱,已不再是为了渴望得到或拥有什么。即便相隔千里,数年不见,有了情感的连接,仍然可以情系彼此,聊以慰藉!

我们还有一种爱叫**"因信仰而爱"**。信仰是我们为生命寻找的精神寄托,安放灵魂之所,也是活着的信念所在,所以,"因信仰而爱"是不容置疑的爱。如果亲情和爱情能够支撑起我们的精神世界,成为我们坚定不移的信念,

> 『因美而爱』是源于内心的缺失或潜意识里的渴望,『因情而爱』是源于『思情』和『恩情』的积累。

第一集

那么亲情和爱情就会是我们的信仰。所以,在广义的范围内,"因信仰而爱"可以是爱祖国,可以是爱家人,可以是爱上帝,可以是爱科学,可以是爱哲学,也可以是爱金钱和自由。

/ 你相信"一见钟情"吗 /

对于"一见钟情",我可以很直截了当地说,我不相信!我不相信一见钟情,是因为"一见钟情"本身就是一个错误的说法。因为"情"需要一个长期积累的过程,是人与人之间有了关联之后逐渐产生的结果,并不会在初次遇见时就与尚未有交集的人发生。

如果说是"一见钟爱",我是愿意相信的,因为"爱"可以是"因情而爱",也可以是"因美而爱","因美而爱"是可以在第一眼见到对方的那一瞬间就被对方的"美"所吸引,并产生"爱"。所以,我愿意相信"一见钟爱"!

"一见钟情"虽然是一种错误的说法,但也不是完全没有发生的概率。如果能运气好一点,和"一见钟爱"之人建立了长久的恋爱关系,又逐渐培养出了浓厚的感情,我们就会误认为"一见钟情"是存在的。

/"互补型"与"相似型"/

在爱情世界里,我们会经常讨论"互补型"和"相似型"两种不同的性格关系。

先说说"互补型"。既然是"互补型",就说明双方性格里一定存在着对方内心缺失或潜意识里渴望的部分,而"美"正源于此,所以"互补型"之间更容易使对方动心。如果抛开外貌长相和其他物质条件,仅仅就性格而言,"相似型"之间如果要产生"爱"则需要情的积累,而情的积累是一个缓慢发展的过程。所以,相对于"互补型"而言,"相似型"的两个人之间的"爱"会发展得比较漫长。

"互补型"和"相似型"都会发生爱情,不同的是"互补型"之间的爱情一般是"先有爱再有情",而"相似型"之间的爱情往往是"先有情再有爱"。"互补型"和"相似型"之间产生的爱也是有差异的,"互补型"之间产生的爱更多的是源于对"美"的需求和渴望,而"相似型"之间产

『因美而爱』是源于内心的缺失或潜意识里的渴望,『因情而爱』是源于『思情』和『恩情』的积累。

第一集

生的爱更多的是源于"恩情"和"思情"的积累。所以，铁血与柔情之间发生的爱情属于"互补型"，往往会来得急切而热烈；青梅竹马之间发生的爱情属于"相似性"，一般都会来得缓慢而平和！

就相处而言，"互补型"和"相似型"都可以相处得很好，只是不同的人，不同的缘分，不同的性格，不同的经历，不同的习惯，需要不同的相处方式！

/ 恋爱与婚姻 /

恋爱是两个人因"爱"走到了一起，所以，谈恋爱不能没有"爱"。婚姻是要将一段感情长久地维持下去，唯有"情"才是两个人长久的链接，所以，婚姻不能没有"情"。"爱"让两个人走在一起，有情人才能终成眷属！然而，无论是恋爱还是婚姻，我们都需要保持内心的平衡，因为内心的平衡是维持人与人之间关系的基础。

在恋爱关系中，我们更多的是在享受"爱"的权益，而在婚姻关系中，我们在享受"爱"的权益的同时，更多的是要承担"情"的责任。每个人都喜欢享受权益，不希望承担责任，所以，说起谈恋爱，我们都会心向往之；提起婚姻，很多人就会焦虑不安。谈恋爱成了我们追求的"爱情的圣地"，而婚姻却被我们定义为"爱情的坟墓"！

/ 经营一段感情 /

任何一段感情的经营可能都不会太轻松，因为两个在不同环境中成长的人必然会有一些认知和习惯上的差异，想要长久地生活在一起，必然少不了谦让和包容，甚至是改变。然而，无论是谦让、包容还是改变，都应该是主动地、自发地的行为，至少也应该是自愿的选择。如果在一段感情生活里，谦让、包容或是改变是在无奈和不情愿之下做出的妥协，将会是一个极其危险的信号，因为无奈和不情愿的种子会逐渐生根发芽，随时都有可能爆发。一旦爆发，也就意味着一段感情很可能走向终结。

维持一段感情也不应该太辛苦，如果太辛苦，很可能是因为感情本身出了问题，致使双方失去了内心的平衡。如果情感问题不能及时被找出并解决，我们就会一直很辛苦，内心的不平衡也会加剧发生，进而导致情感的破裂。

> 『因美而爱』是源于内心的缺失或潜意识里的渴望，『因情而爱』是源于『思情』和『恩情』的积累。

『成功』可以分为两类，一类是『社会认可的成功』，一类是『内心认可的成功』，社会认可的成功，是建立在『社会需求』的基础上。内心认可的成功是建立在『内心需求』的基础上。『心之所向，身之所往，终至所归』即是内心认可的成功。

——《凉白开集》

第二集 职业与发展

第二集

关于社交

> 社交分为利益社交和情感社交。利益社交能够更直接的为我们带来物质回报，而情感社交在帮助我们满足精神生活需要的同时，也能在一定程度上为我们带来潜在的利益回报。

在狩猎采集时代，我们的祖先已经开始了群居生活，他们一起打猎，一起采集果实，一起分享食物，不忙的时候还会一起"八卦"。部落里的人通过"八卦"相互了解，从而减少矛盾以及更好地开展合作。那时的"八卦"，就是我们现在所说的"社交"。

到了农业时代,为了方便农作物的生产和日常生活的需要,社会形态逐渐演变成以"血缘关系"为主体的家庭单位,家庭成员之间通过交流、合作展开农业生产经营。此外,集市活动和商品交易也逐渐活跃起来,这些都进一步促进了社交的发展。

在现代社会里,人与人之间的合作关系显得更为重要,有团队之间的项目合作,有企业之间的商业合作,有国家之间的贸易合作……这些都需要更多的人之间展开更紧密的合作。

"信任"是合作的基础,"社交"是获取信任最重要的手段。可以说,人类文明发展至今,"社交"起到着至关重要的作用!

/ 社交的价值 /

顺应生理需求。 数十万年的生存环境和生活方式已经将"社交需求"写在了人类的基因代码里,或者说社交就像衣、食、住、行一样,已经演化成为人类最基本的生理需求之一。即便我们不求达官显贵、名扬千里,只是在追

> 多一点交流,就多一点了解;多一点了解,就多一份信任;多一份信任,心里就会多一份踏实。

求平凡、朴素的一生，也仍然需要与他人建立社交关系，建立属于自己的社交圈。

满足心理需求。 在日常生活中，我们免不了会有喜怒哀乐、悲欢离合；高兴的时候，我们希望有人分享；悲伤的时候，我们希望有人倾诉；得意的时候，我们想找个人显摆；跌倒的时候，我们又想要有人扶持，这就是现实中的我们。我们需要通过社交来获得精神生活的满足感、社会认同感和心理宽慰！

调整生活状态。 社交通过帮助我们扩大朋友关系、结识志趣伙伴改变我们的生活方式。不仅如此，在社会交往中，我们还会有更多的机会结缘异性伴侣，组建新的家庭，从而使生活发生本质的改变。广泛而有效的社交关系有利于我们兼顾工作与生活的平衡，保持健康的身心状态。

助力职业发展。 纵观整个人类史，不管是社会的进步，还是个人的发展都需要建立在合作的基础上，而信任是合作的基础，社交是获取信任最重要的手段，这也足以说明社交在职业发展中的重要性。

就职业发展而言，"人际关系"可以说是最优质的社会资源，每一位获得成功的人背后都会有一群优秀的合作伙伴，而这些优秀的合作伙伴，我们都需要通过社交与之建立信任关系。

> 多一点交流，就会多一点了解；多一点了解，就会多一份信任；多一份信任，心里就会多一份踏实。这是社交带给我们的"安全感"！

/ 利益社交与情感社交 /

社交分为利益社交和情感社交。

利益社交，是以"利益"为驱动，促使双方通过"利益交换"产生社交关系。利益社交一般建立的都是利益关系。

情感社交是基于某种共同需求，且非功利性目的的基础上，通过交流、互动、分享、感知而产生的一定程度的相互了解、相互信任、相互需求、相互依赖的情感关系。

利益社交能够更直接的为我们带来物质回报，而情感社交更多的是帮助我们满足精神生活的需要。

利益关系一般不易转化为情感关系，因为利益社交秉持的是"平等和公平"的原则，很少有人愿意主动和自愿地作出牺牲，所以利益社交不容易产生情感关系。而情感关系却很容易帮助我们带来利益回报，因为有了情感和信任的基础，人与人之间就会更容易产生合作关系，我们也更愿意伸出"援助之手"。

/ **情感社交的缺失** /

21世纪以来，随着网络科技的高速发展，人与人之间的信息交流方式变得越来越多样化，可供我们选择的交流方式和社交平台可谓是"百花齐放"。有了如此之多的交流方式和社交平台，每个人都触手可及，似乎我们都有条件，也应该建立起更多元、更紧密的社交关系。然而，事实却恰恰相反。看看我们自己和身边的人就不难发现，我们与他人的交流越来越少，我们的朋友在逐渐减少，我们丢掉了儿时的玩伴，我们身边的人也在一个一个的走散。仿佛在踏入社会之后，除了一些利益关系上的合作伙伴，我们再难建立起其他有效的情感关系。

或许，在一开始踏入社会的时候，我们努力工作是为了更好的生活，而如今，我们的工作和生活更像是在被"利益"所驱动。"利益关系"成了我们社交的标准，一切对提高经济收入有利的人，我们都愿意花时间和精力去与之建立关系；一切对提高经济收入没有帮助的人，我们就会觉得和他们建立社交关系就是在浪费时间。我们如此重视利益，我们又哪有时间和精力去与别人建立情感关系呢？

"网络社交"对建立情感关系就更没有什么实际价值了！因为情感关系的建立不仅需要基于某种共同需求，更重要的是需要一个有利的社交环境，使人与人之间能够很自然地卸下"伪装的面具"，发生心灵的感知、互动与分享，进而才能建立起有效的信任关系。如今的网络社交环境并不具备这样的条件。

网络环境中的交流与互动一般都带有很强的目的性和下意识的自我保护心理，互相防备，并不会展现自己真实的一面，因而很难建立有效的情感关系。

> 多一点交流，就多一点了解；多一点了解，就多一份信任；多一份信任，心里就会多一份踏实。

第二集

如今社会，越来越多的人都在面临着情感社交的缺失带来的一系列的问题。在生活上，朋友越来越少，生活方式单一，精神生活匮乏，自我封闭，缺乏异性朋友。在事业上，不能与他人建立更深层次的信任关系，缺少值得信任的合作伙伴和可靠的人脉资源，导致事业的发展也会受到限制。

职业与发展

知识工具如何创造物质财富

> 知识工具包含文化知识、专业技能、阅历经验、认知思想。掌握什么样的知识工具结构,决定着我们创造物质财富的能力!

　　城市里的快节奏生活,使我们习惯了整日的奔波劳碌和加班加点的工作。我们努力学习专业知识、提高专业技能,增加收入水平,希望以此来改善生活条件。然而,很多时候,即便我们很努力,似乎并不能使工作发生本质的改变,生活也没有因此变得更加富足,甚至还增添一些焦虑的情绪、浮躁的心态和对未来的迷茫!

第二集

或许是因为我们的工作都太忙碌了，从而忽略了知识工具结构的重要性。其实，知识工具并不只是专业技能，除了专业技能以外，知识工具还包含文化知识、阅历经验和认知思想。

专业技能是创造物质财富最直接的方式，所以我们更愿意在专业知识上下功夫。然而，对于大多数人来说，倘若没有其他几种知识工具的辅助，我们通过专业技能创造物质财富的能力也会受到限制。如果想要创造更多的物质财富，我们就需要掌握更多元、更适合于自己的知识工具结构。

/ 知识工具及其在工作中的应用 /

知识工具，是指我们在成长过程中通过学习、思考、实践、总结所获得的分析事物以及处理事物的能力。知识工具包含文化知识、专业技能、阅历经验和认知思想。

文化知识，指文学知识、科学知识、历史文化知识、法律道德知识等。文化知识体现一个人的基本文化素养、道德品质和行为准则。文化知识是语言和交际的工具，交流表达、团队协作、人脉关系、社会圈层都与文化知识水平有着密不可分的关系。

专业技能，指从事某种社会工作的技能和专业知识体系。专业技能是从事特定专业岗位工作必备的知识工具，专业技能决定专业岗位的工作能力。专业技能有时也代指社会身份，比如从事医学专业的叫"医生"，从事会计专业叫"会计师"，从事设计专业的叫"设计师"。

阅历经验，指通过生活和工作经历收获的人生阅历和经验。阅历经验可以帮助我们在工作中少走弯路，选择更有效的方法和途径，有助于提高工作效率，提升准确率，是对工作很好的补充。

认知思想，是对客观事物的认识程度和思想高度。认知思想决定着一个人的眼光和格局，也决定着一个人看问题的角度和思考问题的深度，能够帮助我们透过现象看到问题的本质。认知思想是领导力和亲和力的象征，此外，认知思想还会帮助我们提升内心修养，升华思想境界和培养心胸气度。

> 知识，不仅是创造财富的工具，也是驾驭财富的工具。

第二集

/ **不同社会身份对应的知识工具结构** /

知识工具结构是社会身份的象征,在社会化分工越来越明确的今天,每一个社会身份都有它特定的知识工具结构。掌握什么样的知识工具结构,也决定着我们创造物质财富的能力。

不同社会身份对知识工具结构的要求:

【 专职技术 】

专业技能 + 文化知识 + 阅历经验 + 认知思想
★★★★☆ ★★☆☆☆ ★☆☆☆☆ ★☆☆☆☆

【专职管理】

专业技能 + 文化知识 + 阅历经验 + 认知思想
★★★★★ ★★★☆☆ ★★★☆☆ ★★☆☆☆

【 高层管理 】

专业技能 + 文化知识 + 阅历经验 + 认知思想
★★★☆☆ ★★★★☆ ★★★★☆ ★★★★☆

【 企业家 】

专业技能 + 文化知识 + 阅历经验 + 认知思想
★★★☆☆ ★★★★☆ ★★★★★ ★★★★★

("★"表示重要性,仅作一般性参考)

"专职技术"对专业技能的要求较高，对其他几类知识工具要求相对较弱。专职技术人员主要是通过学习专业知识、提升专业技能来提高收入水平。

"专职管理"不仅要求更强的专业技能，同时又要具备一定的文化知识水平和阅历经验。专职管理者的经济收入除了受专业知识水平的影响外，也受文化知识和阅历经验的影响。

"高层管理"一般较为倚重阅历经验，对文化知识和认知格局也有更高程度的要求，高层管理工作的重心已经开始从专项专业工作转向公司管理和运营，对专业技能的要求开始减弱，更强调对知识工具的综合运用。高层管理者对知识工具的综合运用能力决定着其创造财富的能力。

"企业家"在某种程度上可以说是"高层管理"的升级，企业家最突出的是认知格局，其次还要有更广泛的文化知识和阅历经验。企业家创造财富的能力取决于企业能够创造多少社会价值。

还有一些相对特殊的职业，比如作家、编辑、记者、

> 知识，不仅是创造财富的工具，也是驾驭财富的工具。

主持人等文艺工作者，文化知识也属于其专业知识，所以相对会更重要。

/ 知识工具的获取 /

文化知识的增长，需要长期的学习和积累。学习是贯穿每个人一生的行为，每个人都应该养成随时随地都在学习的习惯。"生命不息，学习不止"。知识可以在书本里，可以在屏幕里，可以在生活中，可以在自己的经历中，也可以在别人的故事里。

专业技能的获取，需要不断地学习专业知识，以理论知识为依据，加上长期的实战和专业经验的总结。

阅历经验的积累，是建立在社会经历的基础上，加上系统的思考和总结。阅历经验和年龄有一定的关系，但并不和年龄成正比。有些人虽然年长，但经历平平无奇，就称不上阅历丰富；也有些人虽然经历很多，但没有系统的思考和总结，也不称不上阅历丰富。

认知格局的提升，是对知识工具更高层次的要求，需要我们综合文化知识、专业知识、社会实践、阅历经验作出系统的反思以及对事物发展规律的感知和分析，并有所领悟和心得体会。认知格局的变化可以是一个潜移默化的过程，也可能是积累到一定的阶段在某一个瞬间的顿悟。

/ 知识财富与物质财富的平衡 /

在知识经济时代，知识工具不仅是创造财富的工具，也是驾驭财富的工具，知识工具与物质财富需要维持一个对应平衡的关系。

拥有好的知识工具结构就能创造出与之相匹配的物质财富，物质财富有时候可能会迟一点到来，但一般不会缺席。反之，如果只有物质财富，缺少驾驭物质财富的知识工具，物质财富一般不会留得太久。所以，拥有知识财富要比拥有物质财富更为重要！

> 知识，不仅是创造财富的工具，也是驾驭财富的工具。

第二集

大多数人的成功之路 | 认知之路

> 成功可以分为两类，一类是"社会认可的成功"，一类是"内心认可的成功"！
> 社会认可的成功，是建立在社会需求的基础上。社会认可的成功更有利于他人，也更有利于社会的发展。
> 内心认可的成功，是建立在内心需求的基础上。内心认可的成功更有利于个人。

/ 什么是成功 /

成功是拥有光鲜亮丽的外表，还是拥有充盈富足的内心世界？成功是身居高位、受众人景仰，还是身体健康、阖家欢乐？成功是拥有充足的物质财富，还是拥有满腹经纶、博古通今的知识海洋？成功是要在众人眼中放射出耀眼的光芒，还是要活出自己心中的自己？

如果说拥有充足的物质财富就算成功，倘若因为财富，我们失去了朋友、损害了健康、丢失了亲人，只留下一堆冷冰冰的金钱，这算得上是成功吗？

如果说身体健康、阖家欢乐就算成功，但我们没有钱，没有地位，没有光鲜亮丽的外表，能算是成功吗？

如果说学识渊博、满腹经纶就是成功，倘若知识不能被拿来致富，我们还会觉得这是成功吗？

如果说身居高位、受众人景仰就是成功，然而培根却说："身居高位是三样东西的奴仆，君主或国家的奴仆、名誉的奴仆、事业的奴仆，他们没有人身自由，也没有时间自由或行动自由。"一个没有自由的"奴仆"又怎么能称的上是成功呢？

如果拥有光鲜亮丽的外表就是成功，但表面上光鲜亮丽，内心却空虚、孤独，只是在别人眼中拥有光芒，

或许一开始我们都是为了追求"内心认可的成功"而出发，然而，走着走着就误入了只追求"社会认可的成功"的歧途！

第二集

> 内心并不快乐,这能算得上是成功吗?
>
> 如果获得内心世界的充盈富足就是成功,我们为什么还要无休止地去追求一个叫"名利欲望"的东西呢?

到底什么才是成功?这是一个很值得我们深入思考的问题!

每个人都渴望成功,并且在努力地追求成功,但现实往往是,即便我们很努力,成功却依然距离我们很遥远。或许是因为我们都还没有搞懂"什么是成功",只是在盲目地追求我们眼中的"别人的成功",而这个"别人的成功"属不属于自己,是不是自己真实需要的,我们可能并不清楚。倘若我们连"自己真实需要的成功是什么?"都没搞明白,又如何奢望自己能够获得成功呢?

/ 两种意义的成功 /

我理解的"成功"可以分为两类,一类是"社会认可的成功",一类是"内心认可的成功"。

职业与发展

社会认可的成功，是建立在他人需求和社会需求的基础上。社会认可的成功更有利于他人，也更有利于社会的发展。社会认可的成功评判的依据是大众的需求和社会发展的需求。通常我们眼中的财富、成就、名望等都属于社会认可的成功。

> 企业家获得的成功就属于典型的社会认可的成功，因为企业家拥有的财富，其真正的价值主要用于推动社会经济的发展和为他人提供就业平台，财富对他们自己来说，仅仅只是一个数字罢了，真正能用到他自己身上的凤毛麟角！或许这些财富能为他们赢得一些名望和地位，但同时也束缚了他们的自由。
>
> 财富带给他们鲜花与掌声的同时，也会给他们带来责任与义务。他们的工作时间比普通人更长，他们需要解决的问题比普通人更多，他们既要考虑员工的需求，又要思考用户的喜好；既要角逐竞争对手，又要评估市场风险；除此之外，还有很多大大小小的事物都需要他们去处理。很少有企业家能像普通人一样休个长假，出趟远门，好好享受一下轻松、惬意的生活。

或许一开始我们都是为了追求『内心认可的成功』而出发，然而，走着走着就误入了只追求『社会认可的成功』的歧途！

第二集

　　我们之所以会羡慕那些看上去很成功的人，只是因为我们看到的都是自己缺少而别人拥有的那一部分；自己拥有而别人缺少的那一部分，却被我们自动屏蔽了。

　　内心认可的成功，是建立在内心需求的基础上，"心之所向，身之所往，终至所归"即是内心认可的成功。内心认可的成功直接关联着我们内心最真实的需求，所以，内心认可的成功更有利于个人。内心认可的成功判断的依据是自己内心最真实的需求，只有本人才有发言权。

　　内心认可的成功与财富的多少、学识的深浅、地位的高低、成就的大小没有决定性的关系，它只关乎我们内心的需求有没有得到满足。有些人虽然身居高位、锦衣玉食或是博学多才，如果内心得不到满足，也算不上内心认可的成功；而有些人即使粗茶淡水、粗布麻衣但内心是富足的，这便也能称得上是内心认可的成功。

　　社会的发展需要我们追求社会认可的成功，因为社会认可的成功能为社会和他人带来更多的价值。然而，对于我们自己而言，我们更应该追求内心认可的成功，因为内心认可的成功直接关乎我们自己能否幸福快乐。

或许一开始我们都是为了追求"内心认可的成功"而出发，然而走着走着就误入了只追求"社会认可的成功"的歧途！

当然，如果我们能够获得社会认可的成功，为社会、为他人带来更多价值的同时，又能够获得内心认可的成功，收获幸福快乐，这无疑是最理想的成功。然而，这种成功需要付出的努力有多大，成功的概率有多低，我们不仅需要做出正确的判断，还需要做好充足的心理准备！

大多数人的成功之路 | 心法之路

> 真实地面对，我们便能够反躬自省，取长补短，收获信任，获得机会；真心待人，别人便也会以真心回报我们；真心待事，便能心神专注、稳扎稳打，步步为营；真心对待生活，便能拥有健康的身体和充沛的精力；真刀真枪地实干，我们便能突破自我，跨越阻碍，踏上成功之路！

/ "三真"原则 /

"三真"原则是指"真实、真心、真干"。遵循"三真"原则是大多数人通往成功之路必须要保有的心态和态度。

/ 做人要真实 /

真实是人与人建立信任关系的基础。真实能让别人更愿意接近自己，了解自己和信任自己。作为普通的我们，只有被别人信任，我们才能获取更好的发展机会。因为没有人愿意把重要的事情交给自己不信任的人去做，也没有人希望把不信任的人留在自己身边。

真实的人更容易进步。真实不仅能让他人了解自己，更能让自己认清自己，认清自身的优势与不足，从而才能发挥优势，弥补不足。

真实能让自身的问题尽可能早的暴露出来，及时发现问题，解决问题。

真实，我们就不用再为如何伪装自己而劳心费神，把有限的精力放在更重要的事情上！

真实能让自己舒坦，过得安生。孔子说："君子坦荡荡，小人长戚戚。"君子做人坦荡，心胸开阔，神定气安；小人则虚伪算计，斤斤计较，患得患失。

> "真实、真心、真干"是大多数人通往成功之路必须要保有的心态和态度。

/ 对人要真心
对事要真心
对生活要真心 /

真心待人。人心就像是一个"测谎仪",它仅凭感觉就能够分辨善恶真伪。

真心是可以相互感知的,"投之以桃,报之以李",你真心对待别人,别人也会以真心回报你。"爱人者,人恒爱之;敬人者,人恒敬之",爱别人的人,别人也会爱他;尊重别人的人,别人也会尊重他。

或许有时候我们的真心可能会被一些自以为是的"聪明人"利用而蒙受损失,但我们并不能因为一两次的被利用,就丢失了真心。真心可能会让我们吃亏,但真心不会总让我们吃亏。如果我们把目光拉长到整个人生,真心给予我们的回报就会远远大于我们因真心而蒙受的损失。

我们不能保证在漫长的人生旅途中遇到的都是真心的

人，但我们自己仍然需要坚持真心待人。当我们以真心待人，别人却不以真心待我们时，我们则需要控制好尺度，适时自我保护，及时止损即可！

真心待事。当我们真心对待一件事的时候，就不会产生抵触的情绪，甚至还会心生"热爱"。"热爱"会带给我们天赋，也会带给我们源源不断的动力。有了"热爱"，工作就会变得更轻松；有了"热爱"，再遇到问题的时候，我们就不会选择逃避，而是会积极主动地寻找解决方案。

> 真心待事，我们就会心神专注、孜孜不倦；
> 真心待事，我们就会稳扎稳打、步步为营；
> 真心待事，我们就不会投机取巧、弄虚作假；
> 真心待事，我们就不会眼高手低、好高骛远；
> 真心待事，我们的能力就能稳步提升，职业发展也会蒸蒸日上。

真心对待生活。当我们真心对待生活，生活也会送给我们"甜蜜的微笑"。宇宙那么大，生物种类那么多，能够有机会来到人世间，体验一下人生的酸甜苦辣、喜怒哀乐、

"真实、真心、真干"是大多数人通往成功之路必须要保有的心态和态度。

悲欢离合，是多么的幸运！我们有什么理由不真心热爱生活呢？

衣、食、住、行是生活；兴趣、喜好是生活；学习、工作也是生活。我们只有真心热爱生活，生活才会回报给我们幸福快乐！

真心热爱生活，我们才能保持积极乐观的心态；积极乐观的心态，我们才能身心健康，精力充沛；身心健康、精力充沛，我们才能更高效地从事生产经营活动，生活才能变得越来越美好。由此可见，真心热爱生活胜过"万金良药"！

/ 做事要真干 /

真干就是要真刀真枪地干，不能弄虚作假、敷衍了事、自欺欺人。现在这个社会并不缺少好的理论知识，而是缺少真刀真枪的"实干家"。"实干家"的道路是曲折的、坎坷的、充满荆棘的，所以，想成为一个优秀的"实干家"就必须要具备认真踏实的态度，锲而不舍的恒心和遇到挫折敢于挑战的精神。

"实践是检验真理的唯一标准"。只有真刀真枪的实干才能被称作是"实践",否则都是"假实践"。任何事情,如果没有经过实践的检验,就没有发言权;如果没有经过实践的检验,一切理论思想都是纸上谈兵,华而不实。另外,实践不仅能够帮助我们检验真理,也能帮助我们发现问题,思考问题和用更优质的方案解决问题。

/ 成功的"心法" /

真实地面对,我们便能够反躬自省,取长补短,收获信任,获得机会;
真心待人,别人便也会以真心回报我们;
真心待事,便能心神专注、稳扎稳打,步步为营;
真心对待生活,便能拥有健康的身体和充沛的精力;
真刀真枪地实干,我们便能突破自我,跨越层层阻碍,踏上成功之路。

在通往成功的路上不免会有这样那样的坎坷和不愉快

"真实、真心、真干"是大多数人通往成功之路必须要保有的心态和态度。

的经历，但这些经历不也都是生活的一部分吗？如果我们能够真实地面对，真心地热爱和真刀真枪地实干，又有什么坎坷和不愉快的经历会那么的痛苦不堪和难于忍受呢？又有什么困难是突破不了的呢？

"成功之路"并没有我们想象的那么艰辛，那么遥不可及，多么的不容易，或者需要多么高的天赋。成功不过是一群平凡的人遵循自己的内心，动身前往心中的方向，做着自己喜欢的事，过着自己想要的生活，仅此而已！

职业与发展

大多数人的成功之路 | 践行之路

> 自修,是一个自我提升、自我历练的过程,是通往成功之路的第一步。
> 提升认知,自我历练,为机会做准备,创造价值是大多数人通往成功之路的基本法则。

/ 自修 /

自修是一个自我提升、自我历练的过程,是通往成功之路的第一步。自修能够帮助我们更好的认识自己,帮助我们学会如何调动自己的主观能动性,保持健康的心态,养成自发学习、主动思考、积极实践和认真总结的习惯!

第二集

/ 提升认知 /

认知是我们认识事物最基本的能力，是包含感觉、知觉、记忆、思维、想像力等方面的综合素质。认知决定了我们的思想格局、看待事物的角度、思考问题的深度以及行为导向。认知包含规律认知、自我认知和专业认知。

规律认知是指认知客观事物及其发展的自然规律，规律不以人的主观意识而改变。如：

> "合抱之木，生于毫末；九层之台，起于累土；千里之行，始于足下"；
> "欲速则不达，见小利则大事不成"；
> "量变到质变需要一个持续积累的过程"；
> "事物的发展阶段：起始阶段，上升阶段，鼎盛阶段，消亡阶段"。

这些都属于事物发展的一般性规律，也是我们对规律的认知。规律认知能对我们的日常生活和工作起到很好的指导作用。

自我认知是指对自己的洞察和更深层的了解，做到真正认识自己。认清自己有什么和没有什么，想要什么和不想要什么，能做什么和不能做什么，适合做什么和不适合做什么，潜在的优势在哪里，致命的缺陷又在哪里。对于这些问题，每个人都需要阶段性地审视自己，分析自己，重新认识自己，定位自己！

专业认知是指对自己所从事的行业和专业要有较为清晰地认识。认识行业的现状和发展，认清专业的特征和属性，才能清楚地知道自己应该做什么，应该怎么做，应该什么时候做，然后才能在专业领域有所作为。

/ 自我历练 /

人生是一个历练的过程，每个人都应该养成自发学习、主动思考、积极实践和认真总结的习惯。

"活到老，学到老"，我们的一生都是在学习知识和运用知识，包括生活知识、文化知识和专业知识。

思考是对所学知识和所见事物的分析和理解过程，思

> 创造价值是一个解决需求的过程，从自我需求出发，服务他人需求，满足社会发展的需求。

考能够帮助我们如何运用知识。

任何知识都需要实践的检验，只有经过实践检验的知识才是真知识，才是有价值的知识。实践帮助我们完成知识的转化，收获技能与经验。

收获了知识、技能和经验，然后就能学以致用，将所学的知识为我所用，运用知识工具创造价值与财富。

/ 为机会做准备 /

我们生平大多数的时间都是在为机会做准备。准备是一个日积月累的过程，我们准备得越充分，抓住机会的几率就会越高。

机会不是什么时候都有，但人生总会有那么几个重要的机会需要我们抓住。倘若没有长期的准备工作，我们甚至都看不到机会，更别谈抓住机会了！

/ 创造价值 /

创造价值是一个解决需求的过程，从自我需求出发，服务他人需求，满足社会发展的需求。

从自我需求出发，是因为我们的一切行为的最终目的都是为了满足自我需求，这也是我们一切行为的最终价值。

服务他人需求，因为只有为他人创造价值，才能获得回报，进而才能实现自我价值。

除此之外，我们的努力与付出还需要满足社会发展的需求，满足社会发展的需求才能获得更多人的认可，我们才能创造更高的价值，收获更多的回报。

/ **成功不可复制**
失败可以借鉴 /

别人成功的路我们无法复制，但别人失败的经验我们可以借鉴。因为失败可以是一个问题导致的结果，所以有"一着不慎，满盘皆输"的说法，而成功却是很多条件共同作用的结果。

成功之所以无法复制，是因为我们无法做到把别人成

> 创造价值是一个解决需求的过程，从自我需求出发，服务他人需求，满足社会发展的需求。

功的每一个条件都复制过来,而失败的结果可以是由一个或几个主要问题造成的,就很容易借鉴和避免。这也说明了成功没有偶然,但失败可能会有。

/ 好的心态是成功的关键 /

好的心态包含:

面对生活,豁达开朗、乐观向上的心态;
面对工作,认真踏实、积极进取的心态;
面对批评与建议,虚怀若谷的心态;
面对不公平,坦然面对现实的心态;
面临困难,勇于挑战的心态;
机会来临之前,持之以恒的心态;
失败之后,愈挫愈勇的心态;
小有所成之时,戒骄戒躁的心态;
有所成就之时,仍能保持"为而不恃,功成弗居"的心态。

/ 成功没有诀窍和法门 /

成功并没有什么高深的诀窍,或是什么神秘的法门。如果人生能够遵循"真实、真心、真干"的原则,保持良好的心态,养成自发学习、主动思考、积极实践和认真总结的习惯,成功不会离我们太远!

我并不赞同一些所谓"成功人士"的夸夸其谈,说什么成功需要多么超乎常人的意志,多么多么的努力,需要经受多么多么的痛苦等等,这些都太过渲染和夸张了,听起来就让人望而却步,更何况是坚持下去。即便真的如其所言,也仍然可能是一种"误导",这些"成功的诀窍和法门"或许适用于他们自己,但并不一定适合绝大多数人。

对于普通的我们而言,我们不应该被"社会成功学"迷失心智,盲目跟从那些所谓"成功者"的足迹。每个人对成功都应该有着自己的定义。拥有财富并不一定就是成功,成功需要与我们内心最真实的需求相匹配,盲目地追随"别人的成功",只会让我们在通往成功的道路上更加疲惫!

> 创造价值是一个解决需求的过程,从自我需求出发,服务他人需求,满足社会发展的需求。

心灵的纯美是一个人智慧的象征。心善,则人敬而附之;心真,则人诚而待之;心慈,则人归而与之;心静,则能明察秋毫,不为外物所动;心诚,则能笃志专一,恭敬于事。

『心善则美,心真则诚,心慈则柔,心静则明,心诚则灵』。

——《凉白开集》

成长与教育

第三集

第三集

不该有的"聪明"

> 聪明,可以是一种赞美;"聪明",也可能是一句讽刺。聪明,用好了是一种天赋;"聪明",用错了也会耽误自己的一生!

小时候听到别人夸一句自己聪明,觉得那一定是赞美之意,会感到特别的自豪;而如今再听到"聪明"一词,总觉得需要判断一下对方的真实意图!

在汉语词典里,聪明是一个"褒义词",是指智力发达,记忆和理解能力强的意思;也用来形容某物有着与人类的智慧共同之处,有某种灵性或某种生命力。如果聪明只是用来形容这些和智力水平相关的人和事物，便应该都会是褒扬之意。

可是，人们似乎并不甘于将自己的"聪明"仅仅用在这些和智力水平相关的人和事物上，而是在更多的领域施展自己的聪明才智，于是"聪明"还是不是褒扬之意便有了很大的争议。

/ 聪明，可以是一种赞美 /

小时候的我们未经世事，心是纯洁的，性格是直率的，人是真实的，同样我们也认为这个世界是纯净的、非黑即白的。像唯利是图、曲意逢迎、处心积虑、勾心斗角这类词并不会出现在我们的字典里。

小时候的我们懵懂无知，也不会有什么猜忌和怀疑。如果被夸赞"聪明"，一般都会是形容我们的智力水平高，想象力丰富、记忆力好、理解能力强或反应快等。所以，小时候被夸赞聪明，多为赞美和表扬之意，聪明是一个褒义词！

> "贤者以其昭昭，使人昭昭。今以其昏昏，使人昭昭。"
> ——《孟子·尽天下》

第三集

/ "聪明",可能是一句讽刺 /

成年后,我们踏入社会,开始独自面对生活,于是各式各样的利益关系、人情世故、权力欲望便纷纷向我们袭来,很少有人能"独善其身",不被沾染。

当越来越多的事情开始变得力不从心、事与愿违的时候,成年人的字典里开始逐渐增加了诸如欲求不满、权衡利弊、见利忘义、兔死狗烹、尔虞我诈这类自己曾经厌恶的词汇。

在经历过社会的复杂和人事的纷扰之后,成年后的我们便已经不再是当年那个率直单纯、天真无邪的少年了,我们的心开始变得不再纯净。社会也不再是非黑即白的,而是多了许多灰色空间。"聪明"不再单纯的指智力水平的高低,而是掺杂了许多"心机"的成分,这个时候的"聪明"可能就会是一句讽刺!

/ 不该有的"聪明" /

不要自以为是的"聪明"。"聪明的人"最擅长的就是自以为很聪明。这个世界上从来就不缺少比我们聪明的人，只是别人更懂得收敛锋芒，不愿意锱铢必较、争长论短。而"聪明的人"却善于把别人的"谦让"认为是自己的"智取"，反而成了自己骄傲的资本，甚至为之沾沾自喜，得意忘形。

> "贤者以其昭昭，使人昭昭。今以其昏昏，使人昭昭。"
> ——《孟子·尽天下》

意思是说，有智慧的人先使自己明白，然后才去使别人明白，今天的人则是自己都没有搞清楚，却想去使别人明白。

如今社会有太多自以为是的人，总以为自己比别人聪明，于是就会利用一些心机、手段为自己谋利，殊不知自作聪明不仅损人不利己，甚至会因小失大，这无异于自欺欺人！

不用投机取巧的"聪明"。 当我们习惯于凭借"投机取巧"来获利，久而久之就会丧失努力获取真才实学的动力，不愿意脚踏实地下真功夫。不下真功夫，就不能身有所长，最终还是害了自己。

"投机取巧"或许会帮我们获利一时，但社会不会总会给我们机会；一旦风云有变，我们便会因为身无长技而追悔莫及。所以，只有真正做到苦心孤诣，掌握真才实学，才能长久立足于社会，这是"为生之道"。

不带心机成分的"聪明"。 人与人之间是有"心灵感应"的，它仅仅凭靠感觉就能辨别出谁是真心、谁值得信赖、谁在故弄玄虚。

人际关系最重要的是"真实和信任"。在人际交往中，一旦有了心机成分，便很难与他人建立信任关系。信任关系的缺失，就等同于关上了通往成功的大门，事业发展将会越来越艰辛。

/ "聪明的人"，一般都不会很轻松 /

人一旦觉得自己"聪明"了，往往就会有更高的期望和更多的欲望，更高的期望和更多的欲望同时也会带来更多的苦恼！

"聪明的人"喜欢揣测人心，事事工于心计，行事小心翼翼、如履薄冰。如此劳心费神，又怎能活得轻松自在！

从这个角度来看，"傻人有傻福"确实有其道理。"傻人"一般都心无挂碍，也不会耍什么心机，该工作时工作，该休息时休息，酒足饭饱便觉幸福！没有太多的欲望就不用过度地劳神费力，生活自然就会轻松舒适许多！

/ "聪明的人"努力和收获难成正比 /

"聪明的人"一般都是短视近利的，只会盯着眼前能得到什么，却看不到将来可能会因为这次得到而失去什么！

"聪明的人"能因"聪明"获利一时，但失去的可能是领导的青睐，可能是客户的信任，也可能是一次"摇身一变"的机会。只要把目光稍微放得长远一些，就会发现我们因"聪明"而失去的将远远大于因"聪明"而得到的。

『贤者以其昭昭，使人昭昭。今以其昏昏，使人昭昭。』
——《孟子·尽天下》

第三集

从"聪明"到"智慧"

> "不懂装懂"是"聪明人"的无知;"知之为知之,不知为不知"是聪明;"至真至善,至精至诚"方能成就智慧。聪明的核心在"脑",而智慧的核心在"心"!

/ "聪明的人"与"智慧的人" /

"聪明的人"只关注眼前既得的利益,容易因小失大;"智慧的人"看到的是长远的发展,就不太会计较眼前的得失,因而在未来才会拥有更多的机会。

"聪明的人"看到的是"我想要什么",怎样做才能对我有利;而"智慧的人"看到的是"我们需要什么",

如何做才能对我们有利。

"聪明的人"是趋利避害的，拥有强烈的自我保护意识。他们更关心的是自己的利益得失，容易忽略自己的行为可能对他人、对社会造成的损失和伤害。"聪明的人"也许会在一些事情上取得利益优势，但这并非长久立身之本。而"智慧的人"拥有更高的眼界和格局，他们考虑的是如何才能达到一种共赢的局面，如何才能更有利于长远的发展。所以，有时候"聪明"也被我们认为是智慧的天敌。

生活在这个社会的每一个人都身处某个团队之中，无论是在家庭、企业还是国家，我们个人的利益都是和这个团队的利益捆绑在一起的，团队成功了，每个人都是受益者；团队失败了，每个人都会是受害者。所以，每个人都需要有团队精神，而"利己"和"利他"往往也是并行存在的。

/ **智慧的核心在"心"** /

"不懂装懂"是"聪明人"的无知；"知之为知之，不知为不知"是聪明；"至真至善，至精至诚"方能成就

智慧＝认真踏实 × 聪明才智 × 善良纯正 × 顺势而为 × 随遇而安

第三集

智慧。

无知的人习惯用"嘴巴"思考,聪明的人喜欢用"脑袋"思考,智慧的人善于用"心"思考。聪明的核心在"脑",而智慧的核心在"心"。

> 心善,则人敬而附之;
> 心真,则人诚而待之;
> 心慈,则人归而与之;
> 心静,则能明察秋毫,不为外物所动;
> 心诚,则能笃志专一,恭敬于事。
> "心善则美,心真则诚,心慈则柔,心静则明,心诚则灵。"

心灵的纯美是一个人智慧的象征。聪明需要建立在"心善,心真,心慈,心静,心诚"的基础上才会变得更有价值!

> 记得父亲说过:"做事要用心,有多少心就能办多少事。你数一数,有多少个心啊?
> "用心、真心、爱心、决心、专心、恒心、耐心、怜悯心……",我扳着手指,有那么多心吗?
> "当然有。"父亲说,"但当你悟到爸爸讲的道理时,

> 爸爸或许已经不在人世了。"
> 以后，我的确知道了，随着我事业的发展，我能数出来的心，已经不是一双手能够容得下的了。
> 我悟到时，父亲已不在了。
>
> ——《心若菩提》曹德旺

/ 智慧公式 /

"智慧＝认真踏实×聪明才智×善良纯正
　　×顺势而为×随遇而安"

在"认真踏实"的基础上，运用自己的"聪明才智"，保持"善良纯正"的本心，拥有"顺势而为"的思想，加上"随遇而安"的心态，便是智慧！

/ 人类并不是最"聪明"的物种 /

人类毫不谦虚地称自己的祖先叫"智人"。然而，历史学家却告诉我们智人在当年的狩猎采集时代并不是最聪明的，也不是最强壮的人种。

历史学家告诉我们，在几万年前，地球上还存在一种人叫"尼安德特人"，他们的身体比智人更加强壮，脑容量更大，还不怕寒冷。不仅如此，那个时代还有直立人、丹尼索瓦人、鲁道夫人等不少于六种人属。这些人属中有的大脑比智人更大，有的身体比智人更壮实，有的比智人更能适应环境，但最终还是没有摆脱种族灭绝的厄运。

"智人"之所以够在残酷的丛林法则中脱颖而出并主宰整个地球，并不仅仅是因为他们在"智力"上的绝无仅有，而是因为他们拥有超越其他物种的智慧。

"聪明"让人类学会了创造并使用工具，而"智慧"让人类认识到自己的优势与劣势，然后取长补短；让人类学会了信任与合作；也让人类一步一步走上食物链的顶端，并逐步开创前所未有的历史文明。

/ 论"聪明",我们甚至比不过"人工智能" /

如果单论智力,现在的"人工智能"在很多方面都比我们更"聪明",任何一种高级算法都比我们拥有更好的记忆力、计算能力、观察能力、数据处理能力。它们将来甚至还有可能在学习能力、想象力和思考能力上超越我们。

当这些"人工智能"在智力的方方面面都超越了我们,我们又凭借什么统治和管理它们呢?答案只能是"智慧"。因为"智慧"是人类独有的天赋,也是我们主宰命运的资本!

智慧 = 认真踏实 × 聪明才智 × 善良纯正 × 顺势而为 × 随遇而安

第三集

几种成长方式

> 成长可以是主动的选择,也可以是被动的无奈;可以在"学习与思考"中缓慢进步,也可以在"痛苦和教训"中迅速发展!

/ 在"学习与思考"中成长 /

"学习与思考"贯穿着每个人的一生,我们的认知、思想、技能、习惯都需要通过学习获得。"学习能力"可以说是上帝赋予我们的最宝贵的技能,它让每个人都有机会进步成长,让每个人都有机会创造财富和实现人生价值。

学习的方式有很多,在某种意义上,只要能够帮我们获取知识的任何方式都可以被称为是"学习"。读书、写字是学习，分析、探讨是学习，思考、总结是学习，实践、体验也是学习。

成长，则需要在学习获取知识的基础上，经过深入地思考和深刻地理解，将所学的知识吸收并转化到自己的知识系统里的过程。

知识，只有被吸收并转化到自己的知识系统里，才是属于自己的知识，才是有价值的知识。在生活中有很多"鸡汤"，听起来都很有道理，但很少能真正对我们产生影响。因为大多数"鸡汤"给我们灌输的都是"别人是怎么做或是我们应该怎么做"，而我们自己却不能真正理解和感受到"为什么要这样做"，也无法准确判断"该不该这样做或是什么时候该这样做"。对于这些"鸡汤"，如果没有经过深入地思考和深刻地理解，我们就只是知其然，而不知其所以然。这些"鸡汤"也只会是过眼云烟，不会在我们的脑海里长久驻留，所以很难对我们的生活和工作真正产生影响。

论语里有一句话叫"己欲立而立人，己欲达而达人"，

第三集

表面意思很简单,就是说自己想要站稳,也要让别人站稳;自己想要腾达,也要让别人腾达。可能很多人内心并不赞同这一句话。因为在现实生活中,当自己站起来都很困难的时候,很少有人愿意去扶别人一把;当有机会飞黄腾达的时候,也很少有人真心愿意带着别人一起飞黄腾达。在自己的事情都焦头烂额的时候,我们哪里还有心思去帮助别人呢!

　　然而,当我们经过深入的思考和深刻的理解就会发现这句话真正想要传达的是"我们自己的前途命运和别人的前途命运有着密不可分的关系"。在漫长的人生旅途中,每个人都做不到独自前行,大部分时候,我们都是和别人一起"搀扶而行",所以,我们不能没有伙伴。只有当我们和伙伴都能站稳,才能一起并肩前行,才能走得更远。我们在生命中总会有那么几次"跌倒摔伤"的时候,如果身边没有伙伴搀扶我们一把,我们很难再站起来。倘若我们都能理解到这个深度,相信很多人都能做到"己欲立而立人,己欲达而达人"。

/ 在"共情与触动"中成长 /

不管是在现实生活中,还是在荧幕前,我们或多或少都会接触到一些喜欢讲故事的人。刚开始我也不理解,明明几句话就能讲明白的道理,为什么非要煞费苦心地弄出一个故事来!后来我明白了,故事对于作为情感动物的我们来说有着特殊的价值与意义。

与木讷、呆板的道理相比,故事更容易加入情感因素,更容易产生触动,更容易引发思考,就更容易被记住,也更容易对人产生影响。故事是一个很好地可以让人在"共情与触动"中成长的方式。

每个人都有一套属于自己的认知系统,对于这个认知系统以外的知识,都需要自己经过二次深入的思考和深度的分析才能被吸收并转化到自己的认知系统里。这种成长方式是一个需要主动思考和理解的过程,而且是枯燥的、乏味的。所以,直接明了地讲道理往往很难产生很好的效果。而故事是通过情节的层层推进,引人入胜,使我们产生"共情和触动",在不知不觉中引发我们思考和深刻体会,从

> 知识,只有被吸收并转化到自己的知识系统里,才是属于自己的知识,才是有价值的知识。

第三集

而使我们在潜移默化中得到成长,这是一个被动吸收的过程,而且相对也会有趣很多。所以,与直接明了的讲道理相比,讲故事更容易对人产生影响。

成语有一个典型特征就是几乎每一个成语背后都有一个场景故事。当成语出现在脑海里的那一瞬间,我们并不是直接想到它的意思,而是在脑海中浮现出一个具有很强画面感和感染力的场景故事,然后通过对故事场景的感受和理解成语想要表达的意思。所以,与一般的单纯用来表意的词语相比,我们对成语的理解会更深刻,像飞蛾扑火、火烧眉毛、负荆请罪、雪中送炭、一石二鸟、兔死狗烹、刻骨铭心、瓜田李下、高山流水……这些成语,只要我们用心体会一下,都能感受到这些成语背后的场景画面。

在生活中,我们的成长和思维的变化也会受到影视剧、话剧、音乐、戏曲等艺术作品的影响。这些艺术作品感受真实,很容易使我们产生"共情与触动"。就影响人们日常生活这一点而言,艺术作品的价值是不可替代的。所以,艺术作品需要是积极的、富有正能量的,否则,就有可能为社会带来负面的影响。

成长与教育

/ 在"痛苦和教训"中成长 /

每个人在成长过程中或多或少都会伴随着一些痛苦和教训,而且痛苦的指数越高,受教训的程度越深刻,成长的速度就会越快。大彻大悟之人往往都是诞生在极端痛苦和教训之后。

有一句歌词写得非常好,"你可知道对我做过什么最残忍,就是你狠狠把我 一夜之间变成了大人……"。单凭这句话,我们就能感受到当事人是经历了多么大的痛苦,才一夜之间长成了大人!

人天生都有一个惰性的心理,面对任何事情,无论有多少条选择,我们总是会倾向于选择最容易并且使自己最轻松的一种方式,但最轻松的方式往往都不会是最好的方式,因为现在的轻松很有可能需要将来买单。等到将来需要付出代价的时候,我们就会意识到当初犯下的错误,就会总结经验和教训,在下一次遇到同类的问题时引以为戒。这个过程就是一种成长!

我们还有一个习惯,就是当我们在做一件事情,我们

知识,只有被吸收并转化到自己的知识系统里,才是属于自己的知识,才是有价值的知识。

第三集

总会期待着结果会向对自己有利的方向发展,这种"结果导向"思考问题的方式往往会使我们无法理性而客观的对问题做出分析和判断。当我们在一件事情上付出的努力越多,我们就越期望结果会向对自己有利的方向发展,也就越难回头,因为我们不愿意接受之前付出的努力都是徒劳。或许直到"压死骆驼的最后一根稻草"出现时,我们才能清醒,才不得不被迫接受现实!然而,当"压死骆驼的最后一根稻草"出现的时候,也就意味着结果已经相当的糟糕,我们也将会面临极大的痛苦和教训。这种极端的痛苦和教训也会给我们带来惊人的成长速度!

> 成长,可以是主动的选择,也可以是被动的无奈;可以在潜移默化中缓慢进步,也可以在逆境条件下迅速发展。然而,对于大多数人来说,随着年龄的增长,成长终究是要发生,只是有的人可能会来得早一点,有的人可能会来得较为迟缓;有的人可能发生得平和而自然,有的人可能发生得强烈而生硬。

成长与教育

间接语言的艺术

"语言的局限性"在一定程度上限制了我们直接表达想要表达的内容,于是我们就逐渐学会了借助"间接语言"来表达想要表达的情感和思想。相比直白的表意,"间接语言"在情感的抒发和表达方面会更具有生动性,也更能使人产生内心的触动和共鸣!

/ 文化的传承 /

中国作为一个有着悠久历史文化的民族,有文字记载的历史约五千年。五千年的文明史给我们留下了"取之不尽,用之不竭"的文化财富,对每一代的华夏子民都有着深远意义的影响。即便是在科技如此发达的现代社会，两千多年前的孔、孟之言依然时常会在我们耳边回荡，老子在《道德经》里留下的哲学思想依旧是人类智慧的瑰宝，古典文学里的诗词歌赋至今仍然频繁地出现在学校的课本里，被广大莘莘学子大声朗读和背诵。而这些经典语录、美文名篇也只是诸多中国历史文学的冰山一角，但足以窥探中国历史文化的博大精深。

> 历史文化之于一个民族，犹如记忆之于一个人同样重要。记忆承载着一个人的经验和教训，历史文化则载着一个民族的经验和教训。一个人失去了记忆，会忘记自己是谁，过去的经验和教训都会化为乌有，会失去立身之本，也会失去未来的方向。一个民族丢失了历史文化，亦是如此！

中国历史文化能够绵延至今，首先是因为它们本身具有超凡的价值，其次离不开文化传承！然而，任何历史文化、文学著作都不会是永恒不变的真理，任何伟大的学术思想、理论学说也都具有时代的局限性，但能世代流传，就说明这些伟大的文学著作、理论学说也一定具有超出时代限制的价值。我们学习历史文化和学术思想更多的是为了汲取其中对当代生活有价值的那一部分，并不是要我们囫囵吞枣似的全部接受或者全盘否定。

/ 语言的局限性 /

在历史文化的学习中，我们会接触不同文体的语言，有诗歌、词赋、文言文，也有白话文。然而，这些不同文体的语言在表达上都会具有一定的局限性，甚至可以说世界上任何一门语言都做不到把人的所有情感和思想都表达得很清楚，汉语也不例外。这就会导致人们在表达情感和思想时经常会"短路"，不知道如何用语言去形容。不仅是我们，即便是才华横溢的饱学之士也会遇到"词穷"的时候，并不仅仅是因为他们学问不够深，而是语言文字本身就具有局限性。

语言的局限性在一定程度上限制了我们直接表达想要表达的内容，于是我们就逐渐学会了借助间接语言，或是借助自己的想象空间，或是借助肢体语言，或是借助市井

间接语言的艺术离不开文化的传承，人生的艺术离不开间接语言。

百态、寻常生活，或是借助自然环境中的山石草木、水雾云烟来帮助我们表达想要表达的情感和思想！

/ 汉字文化的特征 /

汉字文化的特征很大程度上促进了间接语言的发展。我们现有的汉字文化最初是由象形文字演变而来的，发展至今，即便汉字和实物的形象已经不再相像了，但汉字的字形区分却更显著了，字义关联也更紧密了，表达上也更直观明了了。汉字本身的自由度极高，可以随意搭配组成新的词汇，易于再生和拆解，非常有利于二次学习和理解。汉字是方块文字，相对于线性的拼音文字，它的辨识度更高，会更有利于提高阅读速度和产生联想。此外，汉字的书法艺术是其他语言文字无法比拟的。

汉字的这些特征给予了我们在表达情感和思想时有了更为丰富的想象空间，丰富的想象空间会促使我们产生丰富的想象力，丰富的想象力就需要更丰富的语言文化来表达，于是又促动了汉语文化的丰富性。间接语言就是想象力和语言文化相互促动之下的产物，也是最直接的受益者！

文学艺术离不开间接语言

在中国的大多数时代里，文学艺术都秉持着一个很重要的原则，辞约义丰，言有尽而意无穷，诗词、歌赋、绘画、音乐无不如此。历代中国的文学著作有很多也都使用了间接语言的表达方式，常用的手法有比喻、拟人、夸张、类比、借景抒情、托物言志等。如：

> "君子之交淡如水，小人之交甘若醴。君子淡以亲，小人甘以绝，彼无故以合者，则无故以离。"
> ——《庄子·山木》
>
> "君当作磐石，妾当作蒲苇。蒲苇纫如丝，磐石无转移。"
> ——《孔雀东南飞》
>
> 越人语天姥，云霞明灭或可睹。天姥连天向天横，势拔五岳掩赤城。天台四万八千丈，对此欲倒东南倾。
> ——《梦游天姥吟留别》
>
> "小山重叠金明灭，鬓云欲度香腮雪。懒起画蛾眉，弄妆梳洗迟。照花前后镜，花面交相映。新帖绣罗襦，双双金鹧鸪。"
> ——《菩萨蛮》

间接语言的艺术离不开文化的传承，人生的艺术离不开间接语言。

这些美文名句都使用了间接语言的手法。相比直白表意，间接语言在情感的抒发和表达方面会更具有生动性，也更能使人产生内心的触动和共鸣。

成语里的故事背景表意也是一种典型的间接语言。作为现代汉语词汇中重要的一员，成语的美妙在于它并不是直接明了地告诉我们意思，而是通过一个故事场景使我们感受和理解它想要表达的喻意。这是一种更高级的表达方式，比直接表意更生动，也更具有感染力。

/ 暗示语言 /

暗示语言也是间接语言的一种，是指不直接明了地说，而是通过含蓄的言语、示意的动作、表情、符号，或制造某种氛围使人领会其中想要表达的意思。暗示不同于直接明晰的表达，它更希望传达的是话外之音、言外之意！

有些人把暗示语言简单地理解为拐弯抹角，这种想法不但是一种误解，而且是大错特错！暗示虽没有平白直述来得直接明了，但暗示语言特殊的价值和意义是无法替代的。比如"身行一例，胜似千言""以身教者从，以言教者讼",其中"身教"便是暗示的力量,无需多言,却比直言更具影响力!再比如"忠言逆耳利于行,良药苦口利于病",并不是每个人都能接受直面的指责和批评,也并不是每个场合都适合直言不讳,尤其是面对那些自尊心强的人,直接的表达往往会使他们产生强烈的抵触心理,甚至心生恨意,暗示语言则更容易被接受。

现实生活中还有很多特定的场合和特殊的环境并不适合直接明了的说,但又不得不表达,这时候就需要使用暗示语言。暗示语言是留有余地的表达,点到为止,多说无益。

"言多必失,行多必过",话说多了一定会有失误,事情做多了一定会有过错。所以,我们要懂得谨言慎行,即便看破,也不说破,方可明哲保身。很多时候,事情一旦挑明了便再也没有回旋的余地,暗示语言是给对方一次机会,也是给自己一次机会!

此外,暗示语言还能提高生活情志,如与挚友的"神交",一个眼神便可心领神会,心照不宣;如夫妻间的"心有灵犀",无需多言,便能默契使然;如"游弋"于文学艺术的字里行间,与作者来一次跨越千年的情感互动,只可意会不可言传!

> 间接语言的艺术离不开文化的传承,人生的艺术离不开间接语言。

第三集

汉语词汇里的智慧

> 重温旧学,才发现那些看似简单的汉语词汇中还蕴藏着更深层次的哲理。只有当我们真正读懂了它们,它们才能发挥出该有的价值!

"容易拆解、重组和再生"是汉语词汇的一个很大的特征。即便是过去从没有用过的词汇,只要组合的符合情理,易于理解且能够表意准确,就很可能出现一个新的词汇,这一点是很多知名作家都有的"特权"。如果我们反过来思考,把一些常用的汉语词汇通过"拆解"方式来进一步分析和理解,或许我们也会有不一样的收获!

/ 学习 /

学习可以帮助我们获取知识、提高能力、增长见识，学习的好处太多了，其重要性也无需多言。

当我们把"学习"拆开来看就会发现学习有两层含义，分别是"学"和"习"。学，是指通过请教、效法、模仿等手段获取知识、提高能力；习，是指学过之后再温熟和反复地学。我们习惯性的会把对学习的理解只停留在"学"这一层，而忽略了学习还有另外一层同等重要的意思"习"！

如果我们只"学"不"习"，即便当下学会了，但这种感觉学会了的东西在大脑里只会形成短暂的停留，过后就很容易忘记，并不能真正学到知识，为我所用！

学习，学而时习，只有做到"学"和"习"的结合，才能达到学习的效果。这一点和大脑的"记忆习惯"和"思维习惯"有很直接的关系。

大脑的"记忆习惯"

我们的大脑更善于存储那些在脑海里反复出现或有着深刻理解和体会的记忆。知识如果没有经过反

> 汉语不仅仅是一门工具语言，还会教我们立身、处世的智慧。

复的记忆或深刻的理解和体会，就只会像"过客"一样在大脑里形成短暂的停留，来去匆匆，最终什么也不会留下。这是因为我们每天经历的事情太多、太杂乱无章了，每一刻、每个人、每件事、每一次经历，都是一次记忆的过程，如果大脑不养成筛选信息和选择性记忆的习惯，我们的大脑可能在我们的未成年时期就已经"崩溃"了！

大脑的"思维习惯"

大脑会习惯性选择检索时间更短的知识应用。只有在大脑里滚瓜烂熟、呼之欲出的知识，才能在我们思考问题的时候及时被调用，就像写一篇文章，如果每个字都需要去查阅字典，又如何能奢望我们写出好文章吗？所以，在我们思考问题的时候，不熟练或记忆模糊的知识需要更长的检索时间，很难及时被调用，久而久之，就会被大脑"遗弃"。

/ 教师、教育 /

"百年大计，教育为本"，而在教育工作中，教师承

成长与教育

担着举足轻重的角色。懂得如何教育也是一名教师最基本的素养。

教师。教，是教授知识，既要"授人以鱼"，又要"授人以渔"；师，是为人师者，师者强调的是以身作则，榜样为先。

教育。教，是教授知识，既要"授人以鱼"，又要"授人以渔"；育，一是"养育口体"，使其健康、茁壮成长，二是"培育心智"，包含德育、智育、体育、美育、劳育。

所以，教师不仅要教授知识，而且要榜样为先，不仅要教人，还要育人！

德育、智育、体育、美育、劳育：
·德育，教我们与人为善和做人的准则，培养正确的人生观和价值观。
·智育，系统化的授予我们科学文化知识，培养学习能力、思辨能力和生存技能。
·体育，授予我们健康的知识，增强体质和养成健康的生活习惯。"身体是革命的本钱"，好的身体条件是

> 汉语不仅仅是一门工具语言，还会教我们立身、处世的智慧。

从事一切活动的基础。

·美育,教授美学知识,培育美学素养,提升审美能力和创造美的能力。"爱美之心,人皆有之","美"可以改变一个人的生活习惯和外在形象气质,提高个人魅力和生活品质,获得更好的发展机会。

·劳育,培养实践能力、动手能力、劳动心态和奉献的精神。亲力亲为,才能有最真实的体验和最真切的感受;学以致用,才能发挥出知识的价值。

我们对教育的认知不能只停留在"升学率",更不能只体现在试卷上。对每一个学生来说,德育、智育、体育、美育和劳育同等重要,不可或缺。在社会化高度细分的今天,只有培养多元人才,才能组成这个丰富多彩的社会,仅强调"智育"的教育体系对社会、对个体都是不利的。

/ 道理 /

道理,道之理也!"道",是万事万物运行的轨迹,是客观规律,不以人的意志为转移,具有普适性。"理",是在特定的立场和客观条件下,人为总结的行为常识或逻辑关系，是一种主观判断。主观判断会随着人的立场和客观条件的改变而改变。所以，"理"不是一成不变的，也不具有普适性。

我们在生活中会遇到很多"道理"，有的是客观规律，有的仅仅只是人为的主观判断，所以，我们要分辨其是"道"还是"理"。如果是"道"，就是永恒不变的规律；如果是"理"，就要分析"理"所在的主观立场和所处的环境条件与自己是否一致，然后才能作出选择和判断。

/ 舍得 /

舍得，这个词其实是带有哲学思辨色彩的，"舍"是舍去，"得"是得到。舍与得往往是并行出现的，不分先后，舍去的同时也在得到，难以割舍，也意味着难以得到！

所以，面对得失，我们要以平常心对待，因为"有舍就有得，有得就有失"，这只是一种自然规律！

"舍得"不仅是一种生活态度，也是一种处世智慧，更是一种人生境界！

/ 领导、管理 /

领导，"领"是引领，"导"是使其有目标导向，"领导"强调的是引导和影响。

管理，"管"是约束，"理"是梳理并使之有条不紊。管理强调的是约束和梳理。

领导是引领团队，使其有目标导向，激发团队的"主动意识"；而管理是约束团队，产生的是一种"被动行为"。领导，强调的是个人影响力，而管理则更需要制度，因为制度是标准化规范，每个人都必须要遵守，没有讨价还价的余地，所以，依靠制度管理要比依靠人管理更为高效。由此可见，好的领导强调的是"人性化领导"，好的管理更需要的是"制度化管理！

/ 危机 /

危机，"危"是危险，"机"是机会。危中有机，机会往往蕴藏在危险之中。

当危险来临之际，大多数人都会处于心神不宁和惊慌

成长与教育

失措之中,所以,大多数人看到的危险就只是危险,很少有人能够看到危险背后暗藏的机遇。能看到危险背后暗藏机遇的人,就是我们常说的"有危机意识的人"!

在《牛人》节目中,罗杰斯说,"危机"是汉语中最精妙的词语。巴菲特也曾引用过前白宫总管拉姆伊曼·纽尔的一句话,"千万不要白白浪费每一次严重的危机"。

> 其实汉语中还有很多像它们一样看似浅显的词汇,却蕴含着更为深刻的哲理,等待着我们去探索和发现。这些词汇看似浅显和普通,但仍然需要我们用心地体会和深刻地理解才能读懂。
>
> 当我们真正读懂了这一个又一个看似"简单"的词汇,汉语对我们来说就不再仅仅是一门工具语言,而是能给我们的生活和工作带来了不同的视角和帮助,成为我们立身、处世的智慧!

汉语不仅仅是一门工具语言,还会教我们立身、处世的智慧。

115

第三集

育人之道

> 种子从萌发到开花结果有其成长的自然规律，我们无法改变它的生物本性，只能顺应其成长的自然规律，在不同的成长阶段，为它提供适宜的成长条件，时常陪伴、用心观察和精心呵护，这是"育苗之道"。其实，"育人之道"也有着相似的道理！

/ "育苗之道" /

一棵幼苗的成长需求：

适宜的成长环境。"橘生淮南则为橘，生于淮北则为枳"，成长环境决定了一棵幼苗能结出什么样的果实。

成长与教育

　　均衡的营养。营养均衡是一棵幼苗健康成长不可或缺的条件。营养多了，可能会导致幼苗疯长无法控制，抑制开花结果；营养少了，又会使幼苗发育不良。幼苗成长需要的营养条件有时候也会受到周边环境的影响。当周边其他幼苗涨势过于凶猛，这颗幼苗就会受到压制，成长也会受到影响，就需要适当地增加一些营养，以使幼苗保有足够的竞争力。

　　不同成长阶段的需求在变化。幼苗在不同的成长阶段需求是有差异的，萌芽期比较依赖土壤和水分；快速成长期则需要多施肥、浇水、除杂草和驱虫害；涨势过盛时还需要修剪枝叶；花蕾期和结果期则要注意施肥的成分和用量，否则可能就会抑制开花和结果。

　　陪伴与精心呵护。幼苗在成长的过程可能还会遇到一些意外的突发状况，可能是天灾，可能是人祸，也有可能是植物自身的病变，所以需要陪伴和呵护。只有时常陪伴、用心观察和精心呵护才能及时发觉幼苗在成长过程中可能会出现的问题，以便能够及时修正或防患于未然！

从『育苗之道』窥探『育人之道』。

第三集

种子从萌发到开花结果有其成长的自然规律，我们无法改变它的生物本性，只能顺应其成长的自然规律，在不同的成长阶段，为它提供适宜的成长条件，时常陪伴、用心观察和精心呵护，这是"育苗之道"。

其实，"育人之道"也有着相似的道理！

/"育人之道"/

"正确的对教育的认知。"

作为父母，不仅要看到教育环境的优势部分，也应该意识到家庭条件的局限性。

很多家庭对孩子的教育，最大的问题并不在于能够为其提供的社会教育资源够不够好，而是在于父母的认知偏差。父母在外不辞劳苦地工作，希望能为孩子提供更好的物质条件和社会教育资源，以使孩子不至于"输在起跑线"。当然，优越的物质条件和教育资源本身并没有错，问题在于如果为了获得优越的物质条件和社会教育资源而忽略了更为重要的家庭教育的影响，就有点得不偿失了。

成长与教育

物质基础并不是决定教育的唯一因素，即便我们没有能力提供比其他家庭更优质的社会教育资源，但如果能在家庭环境、陪伴与呵护上做好精神教育，这便也是一种"赢在起跑线"！

父母作为孩子的"第一任教师"，理应担负起陪伴、关怀、引导和榜样的责任，这些都是一个孩子在成长初期最为重要的东西。我们不能像"甩手掌柜"一样把教育的希望寄托于学校或其他教育机构。学校或其他教育机构的教育是知识的填充和技能的培养，而父母才是那个对孩子的未来更能起到决定性作用的"人生导师"。如果说优质的学校或其他教育机构的教育能让一个孩子更好地开枝散叶，那么优质的家庭教育就是确保一个孩子拥有扎实、稳健的"根"！

> 中国教育的普遍问题在于绝大多数父母都缺少对教育的认知，盲从、攀比心理严重，不了解什么才是真正的教育，为了什么而教育，因而就不知道该如何教育。解决当前社会的教育问题，核心在于培养父母的教育认知。

从『育苗之道』窥探『育人之道』。

第三集

"因地制宜、因人制宜和因时制宜。"

因地制宜，是指成长环境对一个人的教育。环境是一个人最好的"老师"，好的成长环境是培养优秀人才的必要条件。"孟母三迁"、"近朱者赤近墨者黑"、"跟着好人学好人，跟着巫婆跳假神"，告诉我们的都是这个道理。

每个人出生时都是一张白纸，面对世间的一切都是未知的和充满好奇的，紧接着通过模仿、试探、交流、互动、感知开启了认知世界的旅程。我们最擅长的学习方法就是模仿，模仿的本能使得我们更容易受环境的影响。所以，好的成长环境对教育来说是重中之重！

因人制宜，即因材施教，每个人都有其独立的本性，我们需要根据每个人的个性特征来选择适合的教育方法，才能最大化发挥其优势的部分。"兴趣在哪里，天赋就在哪里"，适合的教育方法更有利于激发一个人的潜能。

因时制宜，是指在不同的成长阶段，教育方式也需要因时而变。每个人在不同的成长阶段，性格特征、心理需求、成长环境都是随时间而变化的，因此教育也应该适时的做出调整，从实际需求出发，遵循成长的自然规律，再辅以修正和引导。

以身作则，言传身教。

言传身教，而身教往往大于言传！好的教育是通过"做什么"来引导和激发一个人的主观能动性，而不只是通过"说什么"来说服一个人。"以身教者从，以言教者讼"，仅靠言语上的说服总是很难让人信服，即便口服了，仍然心存质疑，产生的效果也就微乎其微。

就学习而言，如果我们能以身作则，通过自己养成好的学习习惯来影响孩子的学习习惯，便可做到老子所说的"行不言之教"！

有些父母喜欢强行管教孩子，其实这是一种很不健康的教育方式。强行管教往往只是教育的"最后一公里"，是在对前期不合格的教育采取的补救措施，蕴含着极高的风险。强行管教，即便产生效果，一般也都是短暂的；强行地制止和约束甚至会使一个人产生逆反心理，滋生排斥和厌恶的情绪。

从『育苗之道』窥探『育人之道』。

第三集

健康的亲子关系。

健康的亲子关系是实施教育的前提。感情是信任的基础,感情有多深,就能实施多大尺度的教育,超出尺度的教育往往会使孩子产生排斥心理,不仅不能起到正确的引导作用,反而会进一步疏远亲子关系。

亲子关系是一个孩子精神生活的保障。亲子关系既要相互尊重,也要相互理解和包容。亲子关系有时候是一种默契与共识,有时候也会是一种依赖和分享!

在某种意义上,亲子关系是一个人在出生后,第一次与他人建立的关系。第一次的影响往往都是深远的,挥之不去的;所以,亲子关系对一个人的影响也会反映到社交关系中。亲子关系会在潜移默化中影响一个人如何与他人建立社交关系,这种影响甚至会贯穿整个一生。

育、教结合,辅以管、理。

育,一是"养育口体",指提供营养和庇护,使其健康、茁壮成长。二是"培育心智",包含德育、智育、体育、美育和劳育。

教，是教授知识和获取知识的本领，不仅要"授之以鱼"，还要"授之以渔"。

管，是"约束"，在特定的条件下通过一定的方法，适度约束一个人的行为，使其往好的方向发展，避免误入歧途。

理，是"修正"，即修正一个人不好的行为，使之养成好的习惯。

育人之道：

正确的对教育的认知；

因地制宜、因人制宜和因时制宜；

以身作则、言传身教；

培育健康的亲子关系；

育、教结合，辅以管、理。

从『育苗之道』窥探『育人之道』。

『失去』是另一种形式的『得到』,『接受失去』也会让我们接近于『得到』。就像,

想要追求爱情,我们就要先学会接受独立;

想要成就伟大,我们就要学会接受平凡;

想要追求财富,我们就要先学会接受平淡朴素的生活;

想要追求幸福,我们就要先学会接受生活中的不幸福。

——《凉白开集》

第四集

认知与心理

/ Page 124 - 171 /

第四集

失去,另一种形式的得到

> 生命是大自然给予我们的恩赐,我们在生命里的每一次选择,同时都会伴随着"得到与失去"。"得到"是上天给予我们的奖励,我们可以为之惊喜,但"失去"并不是上天给予我们的惩罚,它只是另外一种形式的得到,我们大可不必为之沮丧!

假如你想要一件东西,就放它走,它若能回来找你,就永远属于你;它若不回来,那根本就不是你的。

—— 余秋雨

/ "接受失去"
会更接近于"得到" /

"接受失去"会让我们接近于"得到",这句话乍一听似乎有点不合逻辑,既然我们都接受了失去,那为什么还要得到呢?接受失去不就等同于我们自己放弃了希望,丧失了斗志吗?接受失去不应该是距离得到越来越远,怎么会更接近于得到呢?

其实不然,这里的"接受失去"是指"在过程上接受失去的心态",而不是"在结果上接受失去的无奈",二者之间有着本质的区别。"在过程上接受失去的心态"是我们为了更好的得到做出的主动选择,是在为得到而努力时保持的一种态度;而"在结果上接受失去的无奈"意味着我们不再抱有希望,等同于选择了放弃!

接受失去之所以会更接近于得到,是因为接受失去能使我们摆脱因"害怕付出得不到回报"而产生负面情绪的困扰;能让我们更理性、更客观地面对问题和解决问题;能让我们无所牵绊,果断地抉择和行动,而不是患得患失、迟疑不决。

> 在我们学会接受失去之前,"得到"未必是一件幸事,因为"失去"随时都有可能发生。

第四集

接受失去我们就不会低声下气、苦苦哀求别人的施舍，也不会被别人抓住把柄，牵着鼻子走；接受失去我们就能维持健康的心态，时刻保持清醒的意识，避免因盲目的追求而丧失理智和最基本的原则底线。就像：

想要追求爱情，我们就要先学会接受独立。独立使我们的内心更强大，更具有人格魅力，也会拥有更好的事业，就会更容易收获爱情。

想要成就伟大，我们就要学会接受平凡，在平凡中才能成就伟大。没有平凡的经历，就没有伟大的根基；没有平凡的心态，就承受不了伟大的压力；没有平凡的贡献，伟大也就无从谈起。

想要追求财富，我们就要先学会摆脱金钱的困扰，接受当下平淡的生活。因为只有摆脱金钱的困扰，我们才能不被短期利益所诱惑，坚持做自己认为该做的事情，保有一颗初心，才能走得更远。

想要追求幸福，我们就要学会接受生活中的不幸福。"一分耕耘，一分收获"，而幸福大多都是在不那么幸福的努力奋斗中收获的。没有过去不那么幸福的努力，就没有现在的幸福；没有现在不那么幸福的努力，就没有将来的幸福。没有不幸福的经历作对比，我们就很难感受到幸福的美好。倘若生命中没有了不幸福，幸福或许也将失去了意义！

过度的渴望是一个极其危险的信号，它会让身边的人望而生畏。尤其是在社会关系中，人与人之间往往会产生一种逆反效应，你越是渴望得到，别人就越是心怀戒备；当你抱有"尽人事，听天命"的心态，反而会让人觉得踏实可信。

比如说，很多销售员为了提升销售业绩，会追着客户的屁股，死缠烂打，费尽口舌地推销，认为自己再多努力一点，成功的概率就会高一点。然而，结果却可能会适得其反，他们越努力希望越渺茫！而另外一些销售员就懂得如何把握分寸，控制好与客户之间的距离，既不会很疏远，也不会跟得太紧，客户就不会感觉是在刻意推销，而是在帮助自己选择适合的产品，这样就很容易让客户放下戒备之心，成功的概率就会更高。

在我们学会接受失去之前，"得到"未必是一件幸事，因为"失去"随时都有可能发生。

第四集

/ 学会接受失去之前
得到未必是一件幸事 /

在我们学会接受失去之前，得到未必会是一件幸运的事，因为失去随时都有可能发生。一旦失去不可避免的发生，我们可能就会缺乏勇气去面对，甚至会走向崩溃。

在我们学会接受失去之前，得到很可能会是一种负担。因为我们害怕失去，就会惶恐不安、患得患失，从而加速失去的发生。这个时候，得到不仅不会给我们带来福祉，反而给我们带来无尽的烦恼和忧愁！

学会接受失去不仅能使我们更接近于得到，而且即便努力之后的结果不尽如人意，我们也能坦然接受，而不是面对失去时的无所适从，因为在我们心里已早有准备。

/ "得与失"总是相伴而生 /

在漫漫人生路途中，我们会得到很多，也会失去很多。成长使我们得到知识、经历、体验和感受，但同时我们也在失去宝贵的青春年华。毕业之后，我们如愿得到了繁华都市里还不错的一份工作，有了稳定的收入，我们不用再担心吃不好穿不暖，但繁华都市里的环境也给我们带来了更高目标的追求和渴望，我们失去了简单的快乐，失去了自由支配的时间，失去了家人的陪伴，甚至是失去了健康的身体！婚姻让我们拥有了伴侣，生活中有了依靠，但婚姻也让我们失去了独立的自由和一个人的任性。婚姻给我们带来新的家庭的同时，也给我们带来了新的责任和义务。我们需要适应两个人的生活，需要考虑一家人的饮食起居，需要考虑孩子的抚养和教育，需要维持家庭关系的平衡，需要学会迁就和包容！

"得与失"本是一种自然规律，没有人能够幸运到只得到而不失去，也没有人会不幸到只失去而不得到。得与失总是相伴而生，有得必有失，有失必有得，金钱和财富如此，亲情和爱情如此，健康和生命亦是如此。

> 在我们得到一些东西的时候，也正在失去另外一些东西；在我们失去一些东西的时候，或许这是在为得到另外一些更好的东西腾出空间！

在我们学会接受失去之前，"得到"未必是一件幸事，因为"失去"随时都有可能发生。

第四集

/ 商人与渔夫的故事 /

有这样一则故事,相信很多人都听说过,的确很发人深省,但在这里,我想借这个故事讨论一个和过去不一样的话题。

> 有一个商人来到海边的一个小渔村,看到一个渔夫划着一艘小船靠了岸,小船上有几条大鱼。于是商人问渔夫:"捕这些鱼要花多长时间?"
>
> 渔夫说:"不需要多久,几个小时的功夫。"
>
> 商人又说:"时间还早,你为什么不多抓点鱼呢?"
>
> 渔夫不以为然,说:"这些鱼已经足够家人享用了。"
>
> 商人又问:"那你一天剩下那么多时间干嘛呢?"
>
> 渔夫回答:"回去休息一会,跟家人一起吃个午饭,睡个午觉,下午陪孩子玩玩,晚上跟邻居聊聊天、打打牌,日子过得还算充实!"
>
> 商人走近了跟渔夫说:"我是哈佛大学企业管理学硕士,我可以给你一些建议,如果你每天多花点时间去捕鱼,过一段时间去买条大一点的船,然后就可以捕更多的鱼,再买更多的渔船,组建自己的船队。然后你还可以开一

> 家工厂,从原材料到生产加工,再到经营销售。接着你就可以搬到洛杉矶或者纽约,在那里建立公司的总部,在各个城市建立分公司。"
>
> 渔夫问:"这要花多少时间?"
>
> 商人回答:"十年或者二十年。"
>
> 渔夫接着问:"然后呢?"
>
> 商人以为渔夫心动了,哈哈大笑,说:"时机一到,把公司上市,出售公司股份,就可以获得很多很多的财富。"
>
> 渔夫又问:"然后呢?"
>
> 商人接着说:"然后你就可以搬到一个喜欢的海边,去过你想要的生活,想打鱼打鱼,想陪家人就陪家人,总之,想做什么都有的是时间!"
>
> 渔夫满是疑惑地说:"可是,这和我现在的这种生活又有什么区别呢?"

假如渔夫没有采纳商人的建议,然而在未来的某一天,妻子或者孩子患了一场大病,需要一大笔医药费,否则就要承受失去亲人的痛苦,渔夫或许会悔恨当初为什么没有采纳商人的建议,积累一些财富。又或许渔夫采纳了商人

在我们学会接受失去之前,"得到"未必是一件幸事,因为"失去"随时都有可能发生。

第四集

的建议，不久后也建立起了自己的公司，然而一场突如其来的经济危机或其他重大事故导致公司破产，渔夫负债累累，再也没机会回归当初平静的生活，他无疑也会悔恨当初为什么要放下幸福安逸的生活而听信商人的建议，把自己和家人都搞得疲惫不堪，伤痕累累。又或许渔夫还是听取了商人的建议，产业逐步发展壮大，带动了整个渔村的渔副产品的发展，使过去一个不起眼的小渔村发展成了一个远近闻名的特色渔副产品之乡。渔夫再也不是当年那个靠打鱼为生，闲散度日的渔夫了，而是成为了一个受人敬仰的"模范企业家"，这一切都是未知数！所以，我们无法判断商人的建议和渔夫的选择谁对谁错，因为未来充满了变数。

时间会告诉我们因某个选择发生了什么，但没有人能告诉我们因某个选择而未发生什么。当我们因某个选择得到什么的时候，没有人知道接下来我们会因为这次得到而失去什么；当我们因某个选择失去什么的时候，也没有人知道在下一个转角我们又会因为这次失去而得到什么！

/ 得之我幸,失之我命 /

在城市里不辞劳苦地工作,我们的财富越积越多,买了渴慕已久的房子和心仪多年的车子,体验过灯红酒绿的都市生活,但我们还是会羡慕那些平平淡淡、无忧无虑生活的人,我们的内心仍然渴望一份安逸的平静。

生命就像是一个有着多个选项但没有标准答案的"单选题",我们选择了其中一个选项就必然会失去其他所有选项。我们自己同时也扮演着"批阅者"的角色,对于这道题做的对不对、选的好不好,只有我们自己知道,也只有我们自己有权利给出评判。

生命是大自然给予我们的恩赐,我们在生命里的每一次选择同时都会伴随着"得到与失去"。"得到"是上天给予我们的奖励,我们可以为之惊喜,但"失去"并不是上天给予我们的惩罚,它只是另外一种形式的得到,我们大可不必为之沮丧!

> 在我们学会接受失去之前,"得到"未必是一件幸事,因为"失去"随时都有可能发生。

第四集

自信、自卑、自负

> 如果我们能做到自我认知和对事物及其发展规律的认知，保持谦卑接纳的态度，把控好尺度和思考问题的深度，同时又能意识到自己的价值，扮演好自己的角色，我们有什么理由不自信呢？

/ 认知的差异 /

　　自信、自卑和自负的人之间的自我认知有着明显的差异。"自信"是基于自我认知之后的自我认可；"自卑"是因为缺乏自我认知而过分低估自己，自我怀疑的表现；而"自负"却是对自己没有清楚地认知，却盲目的自我认可。

认知与心理

大多数人可能都会觉得自己最了解自己，了解别人比了解自己要困难得多。因为我们觉得只有自己最清楚自己喜欢什么和不喜欢什么，能做什么和不能做什么，想要什么和不想要什么，也知道自己什么时候开心，什么时候难过，开心的时候想干嘛，难过的时候又想干嘛！别人怎么可能比我自己更了解自己呢？而我们并不清楚别人的这些问题，所以，了解别人要比了解自己难得多。但事实可能并非如此，相比了解自己，我们可能更善于了解别人。

老子说："知人者智，自知者明"。了解别人的人是聪明的，了解自己的人才是智慧的。老子的话间接说明了解自己并没有我们想象的那么容易，了解自己甚至比了解别人要更难。

如果我们就上述一系列问题的前面都加上"感觉"两个字，结果就会是"我们能清楚地感觉自己喜欢什么和不喜欢什么，感觉自己能做什么和不能做什么，感觉自己想要什么和不想要什么……"。的确，就"感觉"而言，没有人比我们自己的感觉更准确，但我们对自己的认识不应该只停留在感觉这一层面。除了感觉，我们还需要自我反

> 自负是盲目地高估自己，自卑是过分地贬低自己，而自信是把控好尺度地自我认可。

第四集

思和分析"自己为什么喜欢什么和不喜欢什么,为什么能做什么和不能做什么,为什么想要什么和不想要什么……",对这些问题,我们需要寻求一个更深层次的认识。当经过反思和更深层次的分析之后,我们就可能会有和表面上的感觉不一样的答案,也就可能会有不一样的解决方案。

之所以说我们可能更善于了解别人,是因为我们感觉不到"别人喜欢什么和不喜欢什么,能做什么和不能做什么,想要什么和不想要什么……"所以,我们了解别人更多的是通过思考和分析,而不是依靠表面上的感觉来判断。

> 井底的青蛙"感觉"天是井口那么大;赤壁大战的前一夜,曹操"感觉"这一战过后将会一统天下;当我们金榜题名,也会"感觉"自己今后的路将一马平川,不久的将来会飞黄腾达、青云直上。当"感觉"来临时的那一刻是那么的真实,我们确实很难不相信。但由于认知的限制,如果仅仅依靠"感觉"对事物做出判断,我们就很有可能被自己的"感觉"所欺骗!

/ 对尺度的把控不同 /

每个人的认知和能力都有其局限性,即使在我们最擅长的领域,我们的认知也只是冰山一角,对于那些我们没有经历过、体验过和思考过的领域更是知之甚少。如果仅仅依靠我们浅薄的认知产生的"感觉"作为判断标准,说是管中窥豹、鼠目寸光一点也不为过。

既然我们做不到事事了然于心,事事都能做出正确的判断,所以,对尺度的把控就显得尤为重要。

> 每个人都应该有一把"刻度尺",随时丈量自己的认知和能力;在尺度之内,我们可以足够自信,一旦超出这个尺度,我们就需要认识到自己的欠缺与不足。

在任何时候做任何事,我们都需要控制在一定的尺度范围,既不能过度地高估自己,也不能过分地贬低自己;过度地高估自己会产生自负的心理,过分地低估自己又会产生自卑的心理。然而对于尺度的把控说起来容易,做起来却一点也不容易,需要我们在经历和体验中思考和锻炼。

> 自负是盲目地高估自己,自卑是过分地贬低自己,而自信是把控好尺度地自我认可。

第四集

/ 思考问题的深度不同 /

其实我们面对的很多问题都不会像表面上看上去的那么简单，我们不仅需要用"眼睛"去观察，更要懂得用"大脑"去分析，还应该学会用"心"去体会。

自信的人懂得"三思而后行"，面对问题时会经过深入的思考和分析之后再给出自己的观点和判断。自负的人则恰恰相反，看问题和思考问题都只停留在表层，还没搞清楚问题的来龙去脉，就急于自我表现，侃侃而谈。而自卑的人最大的问题不是思考问题的深度够与不够，而是自我怀疑、害怕犯错误和失败而畏于尝试。然而，"不做"却是比"做错"犯下的更大的错误！

/ 不一样的心态 /

自信的人"知我所能，也知我所不能"，所以，自信的人是不卑不亢、不骄不躁的。自信的人也是谦卑的接纳者，能够虚心接纳不同的观点和意见，结合自己的分析和判断，做到"择其善者而从之，择其不善而改之"。自信的人自然而从容，保有一种平常心，不会太在意别人的看法，面对别人夸赞时，也不会觉得有某种特别的优越感，而是觉得理当如此，并没有什么特别值得骄傲和炫耀的。

自负的人是骄矜的排他者，很难接纳不同的观点和意见，固执己见，刚愎自用，面对不同的观点和意见常常带有抵触的心理。自负的人往往在内心深处是缺乏安全感的，渴望得到别人的认可与赞美。自负的人会因为别人不同的观点而心有不满、愤愤不平，也会因为别人的夸赞而沾沾自喜，得意忘形。

自卑的人因自我怀疑而产生自卑感，内心胆怯，害怕犯错误，担心面对批评和指责的声音。自卑的人内心极度缺乏安全感，他们更在乎别人的看法和观点，内心极度渴望得到别人的认可和赞美。与自信和自负的人相比，自卑的人更需要在激励和表扬中成长。

/ 唯一的个体，唯一的价值 /

作为这个世界上唯一的个体，每个人的命运都具有唯

> 自负是盲目地高估自己，自卑是过分地贬低自己，而自信是把控好尺度地自我认可。

第四集

一性。我们的先天条件是唯一的、经历是唯一的、认知是唯一的，能力也是唯一的；我们的社会身份是唯一的，我们的价值也是唯一的！

作为父母的孩子，我们是唯一的；作为夫妻的另一半，我们是唯一的；作为孩子的父母，我们是唯一的；作为在社会中扮演的角色，我们也是唯一的，别人无法取代我们，我们也代替不了别人。就像是一部戏剧，有编剧、有导演、有演员、有灯光师、有摄影师、有录音师、有美术设计师、有化妆师、有场景搭建师……每个人都有着自己的角色和定位，并且每一个角色都不可或缺，只有每个人把自己的角色都做好了，才能成就一部好戏。人生亦是如此，当我们把属于自己的那一个角色做好了，人生就会是一部好戏。

在人生这部戏中，每个人扮演的角色都会经历犯错误和失败，面对批评和指责，这并没有什么好自卑的，因为没有人可以做到不犯错误、不失败，不面对批评和指责，就能随随便便走向成功！

每个人的社会价值虽有千差万别，但并没有贵贱之分，即便是"生在豪门,死在聚光灯下",也不过是自然规律中的一个过客,并不会因此而高人一等。世界是一个多元化的世界,在这个多元化的世界里,不同的人扮演者不同的角色。我们只需遵循自己的内心,扮演好属于自己的那一个角色,便是每个人人生最大的价值。

/ 自信的人更容易迈向成功 /

如果我们能做到自我认知和对事物及其发展规律的认知,保持谦卑接纳的态度,把控好尺度和思考问题的深度,同时又能意识到自己的价值,扮演好自己的角色,我们有什么理由不自信呢?

莎士比亚说:"自信是迈向成功的第一步"。的确,自信的人自带人格魅力,自信也是能力和价值的体现。所以,自信的人更容易迈向成功。

> 自负是盲目地高估自己,自卑是过分地贬低自己,而自信是把控好尺度地自我认可。

第四集

我们为什么那么固执

> 我们总是习惯于站在自己的角度,凭借自己的认知习惯去分析和判断事物,自己的每一个观点和做出的每一个行为,在自己的认知系统里都是有理有据的。而自己的这套认知系统是亲身经历多年积累而形成的,在这一点上,每个人都很"自信"!

/ 被认知限制的思维 /

生存在这个世界上的每个人都是独一无二的个体,每个人的认知、思想、能力和习惯也都是独一无二的。这一方面是由先天性基因决定的,另一方面是由于自身年龄的不同和成长经历的差异。先天性的基因、年龄和成长经历，这些共同决定了一个人的认知、思想、能力和习惯。

每个人的年龄和成长经历是有限的，所以每个人的认知能力也都会有一定的局限性，而这个局限性在一定程度上会限制我们看待问题的角度和思考问题的深度。

譬如，近些年有几个社会关注度较高的话题，就是社会的结婚率和生育率越来越低，离婚率却越来越高，中国的老龄化速度在逐渐加剧。据调查显示，很多大、中城市的青年结婚、生育意愿普遍不强，而且越是繁华富裕的城市越明显。就这些问题也衍生出很多不同的观点，有些人认为能够经济独立，不结婚也没什么，一样可以过得很幸福；而有些人认为结婚还是要的，但不想要孩子，这样至少不会那么累，在生活上也能有个依靠，相互照应，不至于下半辈子孤独终老；还有一些人则认为不结婚、不生孩子是一件无法理解的事，也是对自己、对父母、对家族不负责任的行为。他们觉得没有一个完整的家庭，后半生怎么可能会过得幸福呢！

对于这些不同的观点，至于谁对谁错，我们无从判断，

> 每个人都有一套自认为很『成熟』的认知系统，所以更愿意选择相信自己的判断。

第四集

但可以肯定的是,每个人站在自己的立场上都会认为自己的观点是对的,至少在当下,他们是这么认为。至于以后会不会改变,没有人知道。因为新的经历会给他们带来新的体验和感受,产生新的认知和思想观念,就有可能会有不一样的观点。

/ "换位思考"不是一件容易的事 /

"换位思考"并不是一件容易的事,它对一个人的认知、经历、体验和感受有着极高的要求。很多时候,我们认为自己能够"设身处地"地站在对方的角度看问题就是"换位思考",其实这是一种错误的观念。

"换位思考"要求我们要有对"对方的认知"的认知和相似经历的体验感受。如果只是简单的以自己的思维和认知习惯去"将心比心",是很难理解对方的感受、思想和行为的,所以也称不上是"换位思考"。就像家长不理解孩子"为什么不懂事、不听话",老师不理解学生"为什么学习不上进",老板不理解员工"为什么工作不努力"一样,这些都是我们在凭借自己的认知和思想站在别人的位置去所谓的"将心比心",而不是真正去理解对方的认知、经历和感受之后再去"换位思考",所以很难理解对方的行为和思想。

/ 我们更善于在别人身上找问题 /

我们总是习惯于站在自己的角度凭借自己的认知习惯去分析和判断事物,自己的每一个观点和做出的每一个行为在自己的认知系统里都是有理有据的。自己的这套认知系统是自己亲身经历多年积累而形成的,在这一点上,每个人都很"自信"。而别人的观点和行为是建立在别人的认知系统里,在我们的认知系统里并没有系统的理论依据作为支撑,我们很容易就会产生怀疑的态度和不一样的观点,进而深入思考问题本身。

所以,我们更善于在别人身上找问题,而容易忽略自身的问题。也是因为这个不好的习惯,导致我们常常无法从客观的角度和从根本上去探究问题本身,从而产生错误的判断。

> 每个人都有一套自认为很『成熟』的认知系统,所以更愿意选择相信自己的判断。

第四集

/ 越长大越"固执" /

随着年龄的增长，我们的知识、经历、体验和感受在逐渐积累，当有了更为丰富的社会阅历和经验，我们的认知系统也会越来越"完善"，我们就会更愿意相信依据自己的阅历和经验做出的分析和判断。

小孩子虽然也有自己的认知系统，但他们的认知系统尚处于初建阶段。在成长的道路上，他们有太多的东西需要认识、学习、思考、体验、感受、分析和总结，所以，小孩子一般都会有一颗好奇心和想要探索新鲜事物的冲动，他们会更愿意接受新鲜事物和新的思想观念。

成年人则不同，他们尝过酸甜苦辣、经历过人生百态、感受过人情冷暖，早已悟出了一大堆"道理"，这些"道理"使他们有更充足的理由相信他们凭借自己的认知系统做出的分析和判断。毛主席说，很多人都喜欢犯"经验主义错误"，就是这个原因。

认知与心理

我们愿意承认自己的专业知识不如别人，专业技能有待提升，学习方法有待改善，也愿意虚心地接受别人在专业领域给出的合理建议，但很少有人会认为自己的认知不如别人，因为每个人都会认为自己的那套历经多年积累而形成的认知系统或许不是最完善的，但一定是最适合自己的，20岁的时候这么认为，30岁的时候还会这么认为，即便是到了60岁，我们仍然会是这么认为。

> 面对别人认知系统里的分析和判断，只要是站在我们的对立面，即便我们觉得很有道理，但仍然还是会持有一种怀疑的态度，然后试着找论据去推翻它。而对于自己的选择和判断，我们都会有一套自圆其说的"理论体系"来支撑自己的观点，即使有时候意识到可能是自己错了，也仍然会下意识地去维护自己的"错误观点"。这就是成年人的固执！

> 每个人都有一套自认为很『成熟』的认知系统，所以更愿意选择相信自己的判断。

第四集

我们是否夸大了金钱的价值

> 金钱的美好有一半都来自于我们的想象,因为缺少钱,所以我们把金钱"脑补"得比它实际更加的美好。我们幻想着未来更多的金钱能怎样改变生活,却很容易忽视金钱背后的副作用。

/ 金钱与幸福 /

有人说:"现在是金钱社会,每个人都应该拼尽全力为赚钱而奋斗。没有钱,就会一无所有,身边的人也会离你而去;有了钱,就等同于拥有了一切,亲情、爱情、快乐和自由都会向你招手。"其实这句话更应该反过来理解,

认知与心理

因为社会环境使我们觉得或是缺少亲情、爱情，或是缺少快乐、自由，才会更加渴望得到金钱！试想一下，如果我们拥有了亲情、爱情，也拥有了快乐、自由，我们是否还需要更多的金钱呢？

换言之，有了钱真的就一定能得到亲情、爱情、快乐和自由吗？没有钱就真的不会得到亲情、爱情、快乐和自由吗？金钱的价值是否被我们过度夸大了呢？这些问题并非无中生有，而是有现实依据的。调查显示，基本上越是有钱的城市单身率越高，离婚率也越高；中国有些繁华的城市幸福指数反而没有一般城市的高；韩国和日本是亚洲最富裕的国家，但自杀率一直名列前茅；近些年，中国的经济在迅速发展，人们的物质生活水平在不断提高，但心理疾病和心理咨询师也越来越多。这些数据似乎都证明了金钱与亲情、爱情、快乐和自由并没有决定性的关系，金钱与幸福感也并不成正比。

/ **金钱的"副作用"** /

在今天这个社会里，很多人都把金钱看作是生命里最

> 或许大多人『缺钱』并不是真的缺钱，而是缺少精神生活，『缺钱』只是因精神生活的缺失导致的一种错觉。

第四集

为重要的东西,只有金钱才能驱动他们前行,只要能赚钱,即便伤害感情、损坏健康、违背道德良心,他们也愿意去做。金钱几乎已经成了社会价值的衡量标准,能赚钱的人就会受人敬仰,赚不到钱的人就会被投去鄙夷的目光。

我们之所以会赋予金钱如此崇高的地位,或许是因为大多数人从来都没有对拥有的金钱满足过。因为缺少钱,所以我们把金钱"脑补"得比它实际更加的美好。我们想象着有了钱可以住更大的房子,开更豪华的车子,穿戴更名贵的衣服和包包,去更远的地方旅游或者干脆就辞掉工作享受人生!

我们幻想着未来更多的金钱能怎样改变生活,却很容易忽视金钱背后的副作用。因为金钱并不会凭空出现在我们的口袋里,而且每个人赚钱的能力又是有限的,想要得到更多的金钱就要有所牺牲,要么牺牲时间,要么牺牲自由,要么牺牲感情,要么牺牲健康……或许只有当我们真正失去什么的时候,我们才会思考,曾经在拼命赚钱的路上我们牺牲了什么?这些牺牲到底值不值得?

我们时常会羡慕那些拥有财富的人,羡慕他们不再需

认知与心理

要为赚钱而奔波劳碌。然而,他们又何尝不是在羡慕我们,羡慕我们拥有着健全的家庭、真心的朋友、真实的笑容和简单的快乐。

现实社会也并不缺少一些财富自由的人,然而他们依然还在忙碌地工作,他们的实际生活也并没有我们想象地那么美好。因为金钱给他们带来权利与地位的同时,也给他们带来了责任与义务;金钱使他们得到一些东西的同时,也会让他们失去了另外一些东西。

任何时候,我们在羡慕别人拥有什么的时候,也应该看到他们失去了什么;我们在苦恼自己缺少什么的时候,也应该看到我们拥有什么!

/ "缺钱",并不一定是因为缺钱 /

> 或许大多人"缺钱"并不是真的缺钱,而是缺少精神生活。"缺钱"只是因精神生活的缺失导致的一种错觉,

或许大多人"缺钱"并不是真的缺钱,而是缺少精神生活。"缺钱"只是因精神生活的缺失导致的一种错觉,

153

第四集

我们潜意识里希望通过"金钱和利益的增长"来填补这个因精神生活缺失而留下的空白。

或许相比于金钱,我们更需要情感和健康;

或许相比于拼尽全力地努力工作,我们更应该做到金钱、工作、情感、家庭、健康之间的平衡;

或许我们都在追求幸福的路上迷失了方向,忘记了自己当初为什么而出发,才使得自己沦为了推动经济发展的"工具人";

或许我们是时候该停下疲倦的脚步,寻找那份本该属于自己的幸福角落里的安宁!

认知与心理

我们真的自由吗?

> 似乎我们这一生都没有真正觉得自由过,我们一直都处在追求自由的路上!现实生活中面临的很多问题看似都是我们"自由的选择",实则可能都是一种"被迫无奈地接受",在自由的表象之下,我们并没有太多选择的权利!

我们生活在一个"民主和自由"的时代,没有人会强逼我们做自己不想做的事,也没有人会限制我们的自由。理论上,只要不违法,我们可以做任何自己想做且有能力做的事!然而在现实中,似乎大多数人都没有太多选择的自由,更多的是被动的在做出抉择,从事着自己不太喜欢的工作，过着自己认为不那么幸福的生活。

也许有人要说了，现代社会的生活成本太高，上有老下有小，每个月要还房贷、车贷、信用卡、花呗、借呗……迫于生计，即便是从事不喜欢的工作也不敢辞职，再辛苦也没办法。乍一听，似乎很有道理，但又禁不住想"呵呵"两声！

/ 理想与现实始终画不上"＝" /

科技带动了现代经济的飞速发展，人们的物质生活水平也发生了本质的改变，社会的进步也是以往任何时代无法比拟的。从社会进步的角度来看，这的确是一个伟大的时代，人人都应该为现代社会的民主和自由拍案叫好。似乎出生在以往任何时代都没有生在这个伟大的时代来得快乐，来得自由！然而，现实中的我们有没有想象的那么自由呢？

当我们还在娘胎里的时候，父母就已经开启了他们的"培养计划"，从胎教到幼教，从培训班到兴趣班，最

认知与心理

后培养得什么兴趣都没了。我们无论做什么事都要受到父母的"正确指导"，美其名曰"都是为我们好，这是为我们的将来着想"，我们没有自由！

到了学生时代，日复一日的课程、铺天盖地的作业和无休止的考试压得我们喘不过气来，除了吃饭和睡觉的时间，其他时间几乎都要用来应付考试，我们依然没有自由！

好不容易熬到了毕业，本以为终于脱离苦海，可以自由飞翔了，然而我们还是太天真了：工作的压力、贷款的压力、婚姻的压力、社会舆论的压力，没有一样是省油的灯。996、007成了工作的常态，我们连思考"自由"的时间都没了，还谈什么自由呢？

运气好一点，经历了数年的打拼，买了房、买了车、娶了妻、生了子，本以为可以修成正果了，我们应该自由了。然而，现实又给了我们狠狠地一巴掌，将我们彻底打醒，告诉我们什么是"中年危机"，我们还是没有找到自由！

于是我们又憧憬着工资再涨高一点，房贷还完了，孩

> 有目标、有追求、有欲望本没有错，但目标、追求、欲望一旦没有了节制就很容易被利用。

第四集

子长大了,我们也就自由了!然而等着等着,我们就老了,这个时候,年龄和健康又限制了我们的自由!

似乎我们这一生都没有真正觉得自由过,我们一直都处在追求自由的路上!现实生活中面临的很多问题看似都是我们自由的选择,实则可能都是一种被迫无奈地接受,在自由的表象之下,我们并没有太多选择的权利。

/ 被"现代经济"牵着鼻子走 /

过去,在异地之间想要通信一般都是通过写信。写信虽然有点麻烦,但写信的频次低,所以不会很累,也不会占用我们太多时间和精力。现在的电话、微信、邮件是快多了,但我们却手机24小时待机,随时等候电话打进来,时刻关注着屏幕信息,生怕收到什么重要的消息没能及时回复,发出的消息也期盼着对方能够立马能回,一会没有消息,我们可能就会焦虑不安。有了手机之后,通信是方便了,但自由、安静的生活与我们也渐行渐远了!再比如现在的很多年轻人都投身于没日没夜的工作中,不辞劳苦,

认知与心理

奋发图强，希望以后能过上更轻松、更自由的生活。然而五年，十年，二十年过去了，工作依然没有更轻松，生活也没有更自由。

我们之所以会坚持不懈地努力工作，是为了以后的工作和生活能变得越来越轻松、自由。然而，我们的努力不仅没有让生活变得越来越轻松、自由，反而却越来越辛苦了。

因为经济发展促动社会进步的同时也带来了欲望、攀比和消费主义。资本经济让"金钱"成了衡量生命价值的标准。资本经济告诉我们，有了钱就能更好地生活，每个人都要拼命地工作，努力赚钱，于是我们就天真地相信了。

有目标、有追求、有欲望本没有错；但目标、追求、欲望一旦没有了节制，就很容易被利用。现代经济正是利用人性的这些弱点使我们成为现代经济最虔诚的"信徒"。我们的努力、奋斗从起初为了"追求更好的生活"逐渐变成了"推动经济发展的工具"。我们在不知不觉中都沦为了"现代经济的奴隶"。

现代经济的高明之处在于它不需要使用任何强制压迫

> 有目标、有追求、有欲望本没有错，但目标、追求、欲望一旦没有了节制就很容易被利用。

第四集

的手段或者类似于宗教的迷信，就能榨干我们身上的剩余价值，而且我们是心甘情愿的、主动地"剥削"自己。我们拼尽全力挖掘自身的潜力和价值，释放最大的能量来推动经济的发展，即使再辛苦也不会怨别人，更不会怨现代经济，因为现代经济给了我们选择工作的自由，给了我们挣钱的机会，给了我们追求幸福的权利，我们感谢现代经济还来不及。

我们不会停下继续奋斗的脚步，因为我们认为我们的努力都是为了自己，为了家人，为了未来更美好的生活，再辛苦一点也是值得的。也许等到将来风烛残年、行将就木的时候，我们仍然不会觉得现代经济有哪里不好。

> 即便将来有一天，我们认识到了不应该如此，但仍然束手无策，我们依然很难摆脱现代经济对我们的控制。因为社会的进步和发展并非一朝一夕，是经过点点滴滴的积累，逐步"进化"的结果。当我们意识到的时候，可能早已深陷泥潭，难以回头。"人性的弱点"就这样在自由主义经济面前展现得淋漓尽致，被牵着鼻子走，还毫无还手之力。

/ 追求心灵的自由 /

> "五色令人目盲，五音令人耳聋，五味令人口爽。驰骋畋猎，令人心发狂，难得之货，令人行妨。"
> ——《老子》

"五色、五音、五味、驰骋畋猎、难得之货"就是指现在的"名利和欲望"。这些"名利和欲望"一方面在推动现代经济的发展，另一方面，也使我们变得目盲、耳聋、口爽、人心发狂、行妨。可见，想要追求自由，我们首先要学会摆脱名利和欲望的困扰。

不执着于追求名利地位并不是要我们不求上进或者甘于平庸；见素抱朴、少私寡欲也并不会妨碍我们成就伟大，实现价值。

少一点欲望，人生就会自由一点，生活就会快乐一点，身体就会健康一点，头脑就会清醒一点，工作就会轻松一点，或许成功就会离我们更近一点！

> 有目标、有追求、有欲望本没有错，但目标、追求、欲望一旦没有了节制就很容易被利用。

第四集

追求物欲的满足换来的自由，我们很难获得长久的自由，因为欲望是无止境的，物欲名利之心不止，我们将会一直疲于奔命，永无安宁之日，更谈不上幸福与自由。或许只有练就心灵上的自由，我们才能找到真正的自由。

真正的自由：

真正的自由是面对得失能够坦然面对，诚然接受；

真正的自由是不被功名利禄所羁绊；即便在粗衣粝食之中依然能够体会"安贫乐道"的幸福；

真正的自由是德与行的统一；能够做到心安理得，无愧于心，随心而动；

真正的自由不是不需要物质财富，而是追求物质财富与精神生活之间的平衡；

真正的自由不是无拘无束、为所欲为，而是面对生活能够顺其自然，随遇而安；

真正的自由是练就心灵的自由，精神的自由和思想的自由！

认知与心理

幸福快乐的公式

> 增加幸福快乐的方法有三种,积累幸福快乐的资本,降低幸福快乐的期望值和延长体验的时间。
> 当幸福快乐的资本 > 幸福快乐的期望值时,幸福快乐是正值,体验的时间越长,我们就会获得更多的幸福快乐。

/ 经济与欲望比拼增长速度 /

生活在 2020 年的中国,和平而安定。我们有了自己房子和充足的食物,房子里有电灯、空调、冰箱、热水器、洗碗机、扫地机器人……我们不再担心吃不饱穿不暖、狂

第四集

风暴雨无处躲避，生活条件也要比以往任何时候都要好的多。医疗科技迅速发展，大多数疾病都能被治愈，即便治不好也不会致命（极少数除外），所以我们也不用担心生命危险。出门有自己的私家车，不想开车也可以坐高铁，再远就坐飞机，距离不再是问题。通信也免去了写信和漫长的等待回信的过程，互联网让我们随时随地都能够交流、互动。饿了不用自己做饭，也不用出去，外卖小哥帮我们直接送货上门；买东西不用上街，只需要打开手机，各种好物随意挑选。

不仅如此，我们的娱乐方式也很丰富，电竞、桌游、棋牌、各种球类运动、游泳、滑雪、冲浪、洗浴、按摩、足疗、酒吧、影院、网红打卡等等，足以让我们玩到"神经错乱"。

如果告诉生活在八百年前的一位祖先，我们现在的生活条件和生活方式，他一定会觉得不可思议，羡慕我们这一代人的生活该是多么的幸福美好！然而，当我们去问一个生活在我国最繁华的都市，上海街头的一位白领青年幸福快乐吗？我们很有可能会得到这样的回答：

认知与心理

路人甲：

我从毕业就来上海打拼，经历了五六年的努力，至今仍然付不起房子的首付，即便车子能买起，但却开不起。自己一个人生活，遇到问题只能一个人扛着，没有人一起分担；偶尔遇到一些开心的事，也不知道找谁分享。基本上每天工作十几个小时，甚至周末都很少休息，更别说出去度假了，你觉得我会幸福吗？

路人乙：

有时候感觉自己混得还算可以，在上海基本算是稳定下来了，郊区买了自己的房子，也买了车子，结婚几年，小孩马上要上幼儿园。不过现在每个月有一万多的房贷，几千块的车贷，油费、停车费、奶粉钱加上大大小小的生活开支，一个月至少两三万的开支。其实一个月好几万的工资也算不错了，可是还是感觉生活困难，经济压力特别大。有机会会多加点班，不轻易请假，这样至少可以减轻一点压力！有时候真不明白为什么会是这样！

幸福快乐 =（幸福快乐的资本 - 幸福快乐的期望值）× 体验的时间

第四集

可见,凡事都有两面性,当我们在享受现代科技给我们的生活带来便利的同时,也在忍受着现代经济对我们剥削、压迫和摧残。现代经济在提高我们的薪资和收入水平的同时,也迫使我们的需求在不断增加,欲望在不断膨胀,使我们一直处在一个无法满足的状态,即便我们再如何"剥削"自己,也很难追上欲望增长的脚步!

/ 增加"幸福快乐的资本" /

幸福快乐的资本包含:物质财富、精神财富和情感关系。

在现代经济学中,我们并不缺少获取物质财富的方法,有太多的渠道和方法能够帮我们赚钱,也从来不缺少赚钱的机会,而且几乎每个人或多或少都能掌握一些赚钱的技能。各个行业百花齐放,每个专业领域都有自己的专家,他们有太多专业的理论和方法,我就不班门弄斧了。

获取精神财富也不是一件太难的事,学习文化知识,培养兴致,丰富内心世界,提升精神修养和认知格局,这些都能够帮助我们获得精神财富。

认知与心理

情感关系的建立与升级在章节"主观世界的平衡法则"和"关于社交"已有讨论,这里也不再多说。

/ *消费"幸福快乐的资本"* /

现代社会经济学到处都是在教我们如何赚钱,但几乎没有一门学科教我们如何花钱。不仅如此,社会经济学可能更希望看到我们把钱花在"刀把"上,这样即便我们赚了很多钱,我们也依然感受不到幸福快乐,于是我们就会想要赚更多的钱,只能加倍努力工作和剥削自己,推动经济的发展,现代经济坐收"渔翁之利"。

其实,相比增加幸福快乐的资本,我们更应该学会消费幸福快乐的资本,把钱花在刀刃上,才能让赚的钱更有价值。赚钱的目的是为了"花钱",如果不会花钱,赚再多的钱也就失去了意义,所以有时候花钱比赚钱更重要!

我们应该学会把幸福快乐的资本消费在能够获得更多和更长久的幸福快乐的体验上,比如逐步改善生活环境,体验进步的快乐。消费幸福快乐的资本最忌讳一次拔得很

第四集

高或者太过于透支未来。因为一次拔得太高,就会把幸福快乐的期望值提到同样的高度,那么接下来我们将要面对的只能是失望和苦恼。

还有些人喜欢存钱,把赚来的钱除了最基本的生活保障开支以外全都存起来,以备将来使用,这其实也是一个很不明智的选择。"天有不测风云,人有旦夕祸福",谁知道明天和意外哪个先来!我们确实需要适当的未雨绸缪,但也不能过多的寄希望于未来。与未来相比,我们同样需要关注当下生活,享受当下的体验。所以资本不能过多的为未来积攒,而要平衡当下的生活。

另外,情感的交流、互动与分享也是在消费幸福快乐资本,但不同的是,情感的交流、互动与分享不仅是在消费幸福快乐的资本,同时也能通过增进情感关系增加幸福快乐的资本。情感的交流、互动与分享能在精神生活方面帮助我们获取幸福快乐的体验。很多时候,情感比物质更能给我们带来幸福感和满足感,帮助我们调节情绪、释放压力、调整心态、放松身心等。

/ 降低"幸福快乐的期望值" /

幸福快乐的期望值是阻碍我们幸福快乐的一个很重要的因素。就像之前提到的,我们拥有的幸福快乐的资本已经远远超过了我们的祖先,我们的祖先会认为我们现在的生活会是幸福美好的,是因为他们在那个年代的幸福快乐期望值远远低于现在的我们;而我们认为自己不那么幸福快乐,也是因为我们的幸福快乐期望值超出了我们拥有的幸福快乐的资本。

虽然我们拥有的幸福快乐的资本在不断增长,但是我们的幸福快乐期望值也在同步提升,当我们的幸福快乐期望值提升的速度超过我们的幸福的快乐资本增长的速度,即便我们拥有的幸福快乐的资本越来越多,我们也不会觉得幸福快乐。

人的快乐与痛苦之间有一条"幸福快乐临界线",当我们的心理期望值低于"幸福快乐临界线",幸福快乐就是正值,我们就能感受到幸福快乐;反之,当我们的心理期望值高于"幸福快乐临界线",幸福快乐就是负值,我们感受到的就是不幸和痛苦。

幸福快乐 =(幸福快乐的资本 · 幸福快乐的期望值)× 体验的时间

每个人心里的"幸福快乐临界线"都是不同的,所以,有的人在小城市拥有一套房子,家庭和睦,已经觉得是无比幸福的了;而有的人即便拥有豪车、别墅也感受不到幸福快乐。

在理论上,降低幸福快乐的期望值要比增加幸福快乐的资本更容易。因为大多数人获取幸福快乐资本的能力是有限的,如果想要获得更多,就得透支自己,甚至付出惨痛的代价;而幸福快乐的期望值是受自己主观因素的控制,是可以通过自我修炼来降低的。但在现实中,我们好像都在背道而驰。我们宁愿为增加幸福快乐的资本加倍剥削自己,即使疲惫不堪,伤痕累累,也不愿降低自己的幸福快乐期望值。甚至不仅不会降低,反而是在逐渐增加自己的幸福快乐的期望值。这的确不是一个明智之举!

/ 延长体验的时间 /

拥有幸福快乐的资本,我们就需要有体验幸福快乐的时间。每个人都希望幸福快乐的时间能够再长一些,所以,我们常常会感慨"快乐的时光是如此短暂"。的确，如果快乐的时间是短暂的，即便是再高潮的幸福时刻也会稍纵即逝，留下的只会是遗憾和惋惜。

/ 幸福快乐的方程式 /

> 幸福快乐 =
> （幸福快乐的资本 - 幸福快乐的期望值）× 体验的时间

从幸福快乐的公式不难看出，增加幸福快乐的方法有三种：

1. 积累幸福快乐的资本，

2. 降低幸福快乐的期望值，

3. 延长体验的时间。

当幸福快乐的资本＞幸福快乐的期望值时，幸福快乐是正值，体验的时间越长，我们就会获得更多的幸福快乐！

当幸福快乐的资本＜幸福快乐的期望值时，幸福快乐是负值，体验的时间越长，我们反而会越痛苦！

社会就像一潭湖水,它原本很清澈,当人踏进了这潭湖水,湖水便因人带起的泥沙而变得浑浊,我们便误认为湖水本来就是浑浊的。

然而,社会的浑浊是因人而起。我们认为社会在以『浑浊』待我们,我们便也要以『浑浊』回应社会,就这样,社会这潭湖水被我们越搅越浑。

——《凉白开集》

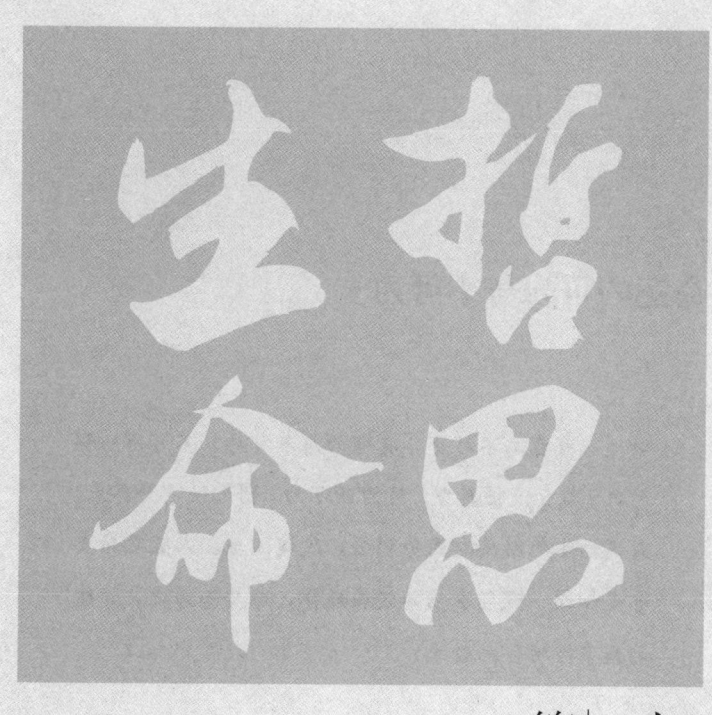

第五集 哲思与生命

第五集

命运的可为与不可为

> 命运有可变与不可变，有可为与不可为。不可为而强为之，就会反被其噬；可为而不为，错过便不会再来。大禹治水的精要是因势利导，改堵为疏。人生之精要亦是如此，遵循事物的发展规律，顺势而为之，方能起到事半功倍的效果！

/ 命运中的可变与不可变 /

从我们呱呱坠地的那一刻起，很多东西就已经命中注定了。我们无法选择性别、肤色与外貌，无法选择出生在哪个国家、哪个城市或哪个家庭，甚至连我们即将面临的生活条件和将要接受的教育环境都已经有了预设的轨道！这些出生时就已经命中注定的无法改变的东西就是"命运中不可变的部分"。

在生命成长到了一定的阶段，我们就能够通过人为的选择改变命运的走向，比如选择什么专业和去哪所大学，去哪个城市和从事什么工作，与谁交朋友，或与谁合作；为获得更高的薪资和更好的前途努力学习专业知识、提高专业技能，寻找更好的发展机会，这些生命中可以通过主观意识做出选择，并且能够通过努力为之改变命运轨迹的部分都可以被称为"命运中可变的部分"。

每个人的命运中不可变的部分都不一样，可变的部分又是每个人主观意识选择的产物，这就导致每个人都会有不同的命运轨迹。有些人可能童年家境贫寒，青年举步维艰，中年却能蒸蒸日上，晚年安详如意；有些人可能童年无忧无虑，青年意气风发，中年可能就会时运不济，晚年又有可能顺风顺水；还有些人可能童年锦衣玉食，青年却不得志，中年事业有成，晚年又有可能遗憾重重！

不同的人在不同的生命阶段都有着不同的命运轨迹，

努力了不一定能成功，但努力了一定会有收获。
生命是一个追求体验的过程，而非只是为了一个结果！

第五集

这是上帝赋予生命的独特性和多变性。

有时候我们觉得上帝是不公平的,因为上帝给每个人安排的初始命运都参差不齐,有的人一生下来就含着金钥匙,有的人一生下来却要为生存不遗余力。但我们都忽略了上帝还给了我们一样比金钥匙更为重要的东西——主观意识。"主观意识"使我们拥有了主动选择的权利和改变命运的机会!

当我们换个角度看,或许就会发现上帝并没有我们认为的那么不公平。因为生命中有很大一部分快乐是在进步的体验中获得的,而初始命运不那么好的人拥有着更大的进步空间和更低的获取快乐的成本,这就意味着他们的生命不仅拥有更多的快乐,也更容易获得快乐。从这个角度来看,初始命运不那么好的人也是上帝的一种恩赐。所以,生命的好与不好并不是由初始命运决定的,"含着金钥匙的人"也不一定就比普通人拥有更美好的人生!

哲思与生命

/ 不可为而强为之，
反被其噬 /

世界上有很多东西并不属于我们，至少在某时某刻是不属于我们的；世界上也有很多事情并不在我们的能力范围，至少在某时某刻我们力不能及。这不是命运的不公平，也不是因为我们不够努力，只是刚好在那个时间，它不属于我们。即便我们曾经拥有，或许将来也可能会得到，但现在它不属于我们。对于不属于我们的东西，如果强行为之，即便做成了，也可能会被其反噬！

与其把精力浪费在那些不属于我们的人和事物上，我们更应该着眼于那些我们已经拥有的或者可以拥有的人和事物上。

不可为之事，我们应该要学会顺其自然。或许到了将来的某一个时刻，它会来到我们身边，但是在它到来之前，我们应该学会接受它还不属于我们的事实！

> 努力了不一定能成功，但努力了一定会有收获。
> 生命是一个追求体验的过程，而非只是为了一个结果！

/ 可为而不为，
错过了便不会再来 /

曾几何时，我们是否为曾经虚度的光阴而扼腕痛惜；我们是否因为曾经在某件事情上缺乏勇气、顾虑重重而悔不当初；我们是否也曾经有过为一些不切实际的追求而错过了本该属于自己的幸福！我想大多数人都会有。

正是因为有了这些过去的经历和教训，我们才更应该珍惜现在。生命没有我们想象的那么长，时间没有我们想象的那么充裕，机会也没有我们想象的那么多；放下我们应该放下的，去做一些我们想做的，也应该去做的！

赫拉克利特说："人不能两次踏进同一条河流里。"生命只有一次，时间也不会倒流。可为而不为，错过了便不会再来！

/ 顺势而为 /

老子说："人法地，地法天，天法道，道法自然。"道，是世间万物发展的自然规律，不以人的意志为转移，所以我们需要顺应自然。顺应自然并不是要我们袖手旁观、任其肆意发展，而是在事物发展的过程中，遵循其发展的规律，顺势而为之，让事物更好、更健康地发展。

就像在"水中行舟"，风平浪静时，我们用多少力气划桨，船就能行多远；逆风而上时，即便我们用上九牛二虎之力，船也只能缓慢前行，甚至还会倒退；顺风而下时，只需控制好方向，轻轻助力，便能疾行千里。

大禹治水的精要是因势利导，改堵为疏。人生之精要亦是如此，顺应事物的发展规律，顺势而为之，方能起到事半功倍的效果！

/ 谋事在人，成事在天 /

对于"有志者，事竟成"这句话，我就不是很认同，因为"梦想"并不是努力了就一定能成功。有些事情，即便我们用尽洪荒之力也不一定能够得偿所愿。

努力了不一定能成功，但努力了一定会有收获。事实上，

> 努力了不一定能成功，但努力了一定会有收获。
> 生命是一个追求体验的过程，而非只是为了一个结果！

第五集

努力在"过程中的收获"要比在"结果上的收获"对我们更有价值,因为生命本就是一个追求体验的过程,而非只是为了一个结果!所以,即便有可能不成功,我们仍然要尽力而为之。"三分天注定,七分靠打拼",初闻只觉得这是一句普通的励志歌词,如今却感觉这句话道出了生命的真谛!

/ 自然规律的怪圈 /

即便我们说命运中有"可变的部分",也有"不可变的部分",但命运中"不可变的部分"又很大程度的影响着命运中"可变的部分"的走向。

比如,出生在什么样的家庭,就会受到什么样的家庭教育,我们的认知就会受到何种教育的影响。家庭条件又决定我们将来会在哪一所学校读书,接受什么样的教育,结识什么样的同学和朋友。接受什么样的教育在一定程度上又影响着我们将来走上什么样的工作岗位。这一切看上去都像是命中注定!

即便是生命中我们自己选择的那一部分,看上去像是我们自己的主观意识在发挥作用,但事实也可能并非如此。因为我们的主观意识也有可能是一系列命中注定的"因"而导致的"果"。这或许就是自然规律的力量,它无声无息、无影无形,悄悄地潜伏在我们身边,渗透我们的生活,也渗透我们的身体,无时无刻不对我们产生影响。即便在现在社会,科学发展如此迅猛、人类文明前所未有的进步,我们也仍然只是自然规律下的产物,并没有走出这自然规律的怪圈。

> 我们的选择与努力究竟是在改变命运,还是命运早已为我们预设了轨道,没有人能告诉我们答案,我们也不需要知道答案。我们只需要知道我们能够真实地感受到我们努力了就会有收获,我们不努力就会庸碌无为。只要我们自己能够真实地感受到命运是可以依靠选择和努力变得更好,这便已然是我们努力改变命运最好的理由!

> 努力了不一定能成功,但努力了一定会有收获。
> 生命是一个追求体验的过程,而非只是为了一个结果!

第五集

人生的三个阶段

> 禅宗大师青原行思：
> 参禅之初，看山是山，看水是水；
> 禅有悟时，看山不是山，看水不是水；
> 禅中彻悟，看山还是山，看水还是水。

一个完整的生命历程大概会经历这样三个阶段，从"少不更事的天真"到"深谙世事的成熟"，从"深谙世事的成熟"再到"洗尽铅华的质朴"。在不同的生命阶段，我们对这个世界也会有不同的认知和理解。

哲思与生命

/ 少不更事的"天真" /

在出生的那一刻,世界对每一个人来说都是陌生的,我们对这个世界一无所知,我们不知道自己是谁,为什么会来到这个世界上,来这个世界上又是干嘛的……就这样,我们带着满脑子的疑问开启了一段人生之旅!

在成长初期,由于认知和生存能力的限制,我们尚不知如何与这个世界相处,所以,我们只能生活在父母庇佑下的一个受保护的世界里。在这个受保护的世界里,父母不会让社会的"不良分子"伤害我们的身体,也不会让社会的"污染源"侵染我们的内心。我们很少会被卷入复杂的社会利益关系之中,即使有,也是父母为了帮助我们认识世界和提高生存能力刻意筛选过的。

我们在父母和老师的辅助下学习各种知识和技能,他们告诉我们什么是对的,什么是错的,什么是好的,什么是坏的,什么事情该做和什么事情不该做!或许我们都曾经怀疑过,他们说的"对的错的"是不是真的就是"对的错的",他们认为的"好的坏的"是不是真的就是"好的

人生大概就是从『少不更事的天真』到『深谙世事的成熟』,从『深谙世事的成熟』再到『洗尽铅华的质朴』。

坏的"。然而，在我们追问为什么会是这样而不是那样的时候，似乎大人们总有一套看上去"无懈可击"的理论体系，说服我们接受他们给我们描述的世界该有的样子！而我们对世界的认识尚处在探索阶段，并不确定自己的观点正确与否，也没有足够的论据来维护自己的观点，所以，不管我们的观点是对的还是错的，我们都无力辩驳，只能被迫接受，即便我们很不情愿。我们的思想和认知就这样在父母影响下一点一点地成长着。

> 年少时期，我们青涩懵懂、思想单纯，我们认为是非黑白有着明确的界限，不存在模棱两可，对的就是对的，错的就是错的，与人为善的就是好人，凶神恶煞的就是坏人。所以，我们的世界是单纯的，我们仍能保有一颗纯真善良的心。这是人生的第一个阶段"少不更事的天真"。

/ 深谙世事的"成熟" /

随着知识的积累和经历的越来越丰富，我们逐步建立

哲思与生命

了自己独立的思想体系和判断是非的标准。我们厌烦了再从大人们口中去认识社会，迫不及待地想亲身去体验一下那个期盼已久的大千世界。就这样，我们怀着一颗"赤子之心"走出了父母的保护伞，将自己赤裸在现实社会中，独自面对社会中的人和事。可令我们意想不到的是，等待我们的将会是一段曲折、艰辛而又挣扎的全新的人生旅程。在旅程中，我们会感受到社会的复杂和人世的纷扰，也会感受到力不从心、事与愿违、心力交瘁和无可奈何！

当我们一次次被现实打倒，梦想一次次的破灭，我们又一次次的为自己的稚嫩无知买单，于是我们对眼前的世界产生怀疑，开始重新认识这个熟悉而又陌生的世界，并学着用不同的方式与这个世界相处。我们不甘心只做一个受害者，更不愿忍气吞声，于是我们选择保护自己，开始反击，用社会"伤害"我们的方式去回应社会，我们开始变得圆滑、世故，甚至工于心计。我们的世界从此变得污浊，我们的心也逐渐被侵染，变得不再纯净。

社会的重重考验使我们认识到了人性的复杂和世事的多变，我们开始觉得现实世界一点也不单纯，黑的

人生大概就是从『少不更事的天真』到『深谙世事的成熟』，从『深谙世事的成熟』再到『洗尽铅华的质朴』。

第五集

有时候不是黑的，白的有时候也不是白的，而且多了一个既不黑也不白的灰色空间。这是人生的第二个阶段"深谙世事的成熟"。

/ 洗尽铅华的"质朴" /

当经历了世间的风风雨雨，尝尽了生活的酸甜苦辣，体验过人生的起起落落，于是我们又开始重新思考，那些曾经求而不得的东西还值不值得我们奋不顾身、倾其所有；我们曾经最看重的金钱和利益还有没有那么重要；我们是否在盲目的追求中迷失了本心；生命是应该追求轰轰烈烈的丰功伟业，还是应该追求简简单单、平平淡淡的幸福快乐？在有限的生命里，我们应该珍惜什么，我们又应该放下什么？

当我们以这样一个全新的视角再去观察这个世界，以一种全新的方式再去感受生命，或许我们就会试着将自己从复杂的社会关系中抽身而出，重新回归简单、纯朴的天真时代！这个时候，我们的人生便迈向了生命的第三个阶段"洗尽铅华的质朴"。

/ 社会就像是一潭湖水 /

社会就像一潭湖水，它原本很清澈。当人踏进了这潭湖水，湖水便因人带起的泥沙而变得浑浊，我们便误认为湖水本来就是浑浊的。

然而，社会的浑浊是因人而起。当我们认为社会在以"浑浊"待我们，所以我们也要以"浑浊"回应社会，就这样社会这潭湖水被我们越搅越浑。

殊不知如果我们能心平气静，慢步轻履，过不了多久，原本浑浊的湖水也会变回清澈的状态。社会环境亦是如此，如果我们能用"真诚友善"来对待身边的人和事，用不了多久，我们身边的环境也会被我们净化成一片清澈的湖水。反之，如果我们以心机、算计、虚情假意来待人接物，我们身处的环境也会越来越浑浊。所以，我们身处的环境是浑浊还是清澈，并非取决于社会本身，而在于我们对环境的净化能力。

> 人生大概就是从『少不更事的天真』到『深谙世事的成熟』，从『深谙世事的成熟』再到『洗尽铅华的质朴』。

第五集

社会是一潭很大的湖水,并不会因为局部的净化而完全清澈,也不会因为局部的搅拌而完全浑浊。我们只需要善待我们身边的这一周遭环境,社会便会回报我们一片清澈的湖水!

哲思与生命

生命的意义

对自然环境来说，或许生命的存在只是为了维持生态环境的平衡；但对于人类来说，我们并不甘于将自己的生命仅仅定格为"天道轮回的产物"，我们更希望我们的生命在这个世界上还有着某种特殊的精神意义。于是，从遥远的祖先开始，我们就在为自己的生命寻求意义，从未停止！

/ 寻求生命的意义 /

"我赤裸裸来到这世界，转眼间也将赤裸裸地回去罢？但不能平的，为什么偏要白走这一遭啊？"

—— 朱自清《匆匆》

第五集

"我赤裸裸地来,又赤裸裸地走,为什么要白走这一遭?"这近乎对灵魂的拷问,让我们对世间的一切功利与富贵都产生了怀疑,我们追求的所谓伟大与价值也不过只是人类的"自命不凡"罢了!然而,在历史文明的长河中,人类的这种"自命不凡"就从未间断,不断地被否定,又一次次地被重建,似乎从不知疲惫!

我们的生命从诞生到逝去不过短短数十载,从出生时的无知无识到离开时的默不作声,即便"生在豪门,死在聚光灯下",也终将不过是历史年轮里一个毫不起眼的过客,一个自然规律下的产物的出现与消失,和任何其他生物比起来没有什么不同。近代科学也早已证明我们的生命仅仅只是自然环境中的一部分,并没有什么特殊的价值和神圣的使命!

> "如果纯粹从科学的角度,人类的生命本质是完全没有意义的。人类只是在没有特定目标的演化过程中,盲目产生的结果。自古至今,人类所感受到的生命的意义都是来自人类自己的"想象力",是人类用"幻想"给自己赋予的生命的意义。
>
> —— 《人类简史》

对自然环境来说，或许生命的存在只是为了维持生态环境的平衡；但对于人类来说，我们并不甘于将自己的生命仅仅定格为天道轮回的产物，我们更希望我们的生命在这个世界上还有着某种特殊的精神意义。于是，从遥远的祖先开始，人们就在为自己的生命寻求意义，从未停止！

或为积善行德，为来世修福；或为追求家庭和睦，子嗣绵延；或为报效国家，实现个人价值或青史留名；或为了追求更多的知识与财富；或为了体验消费主义带来的快乐，这些都是人们寻求的生命的意义。

但令人费解的是，为什么不同的时代，不同的人，或是同一人在不同的生命阶段理解的生命的意义都可能是不同的呢？

/ 精神追求的发展 /

在认知革命以前，人类还只是森林里一个普普通通的物种，和野狼、猩猩、斑马、羚羊这些动物没什么区别，活着的目的就是为了生存和繁衍。在认知革命之后，人类

生命本没有意义，有了『信仰』，生活才有了动力，人生才有了追求，生命才有了意义。

第五集

才逐步迈进了食物链的顶端,人类的需求也不再仅仅是为了生存和繁衍,而是开始衍生出了更高层次的精神追求。从氏族部落的"神灵传说"到"祖先崇拜";从"泛灵论"到"多神教";从西方盛行的宗教文化到东方流传的儒、释、道学说,再到近现代的"民主自由"和"消费主义",这些都是人类追求的精神生活的体现。

> 社会的发展和人类文明的进步让"精神追求"逐渐取代"衣、食、住、行",占据着人们心中更重要的位置,逐渐成为人们灵魂的依托和生活的源动力,最后变得神圣不可侵犯。

某种意义上,人们追求的这个比物质需求更高层次的精神需求就是人们寻求的生命的意义!

/ 信仰 /

信仰,最开始是指对天地的敬仰,对祖先的崇拜,或是对宗教的信奉。

过去我们理解的信仰似乎都是披上了一层迷信的外衣。不可置否，迷信也是一种信仰，但信仰不一定都是迷信。在广泛的意义上，人类思想中一切真心信奉和敬仰的"精神需求"都可以称之为"信仰"。信仰可以是对祖先的崇拜，可以是对宗教的信奉，可以是对哲学的追崇，可以是坚信家国使命，可以是寻求亲情与爱情，也可以是追求自由主义、消费主义和享乐主义。

信仰是由人的认知决定的。文明在发展，人们的认知在不断变化，人们的信仰也会不断推陈出新，一种信仰被推翻了，另一种信仰就会被重新建立。

信仰是时代背景的产物。古典欧洲时期，奴隶制和农奴制的社会背景是宗教兴起和迅速传播的主要原因。奴隶和农奴在封建贵族的强行压迫和残酷剥削下，毫无人权可言，他们的生命里看不到希望，只有无穷无尽的苦难。他们迫切地需要找到活着的动力和人生的信念。这个时候基督教的出现对他们来说就是一根"救命的稻草"，他们必须要紧紧抓住。在这样的环境背景下，自然而然就推动了宗教的发展。

> 生命本没有意义，有了"信仰"，生活才有了动力，人生才有了追求，生命才有了意义。

第五集

之前看到这样一个故事,中世纪的欧洲人初步接触中国的时候,想把《圣经》传到中国,结果碰了一鼻子灰,他们很不理解。于是欧洲人认为,中国是一个没有信仰的国度,那里的人过着庸俗的生活,并不懂得追求更高层次的生命的意义。然而事实却恰恰相反,中国人不仅有信仰,而且这个信仰是根深蒂固的。我们不相信宗教,只是因为我们更追崇哲学思想。

中国自古有着完善的哲学体系,先秦时期更是出现"百家争鸣"的盛况,堪称中国史上的思想巅峰,其中儒学思想对我们影响最深。直至今日,我们的民族文化仍然有着很多儒学思想的影子。中国重视儒家文化,而儒家文化重仁义、礼仪和忠孝之道。所以,中国人的骨子里是仁厚的、谦卑的和重情义的。

当历史的车轮走到现代,每个人都有权利倾听自己内心的声音,相信自己愿意相信的,做自己喜欢的事。于是,人们的信仰变得越来越"丰富多彩",有很多人在追求自由主义和消费主义,有很多人在追崇科学与发展,有很多人在追寻社会价值与使命,也有很多人在寻求亲情与爱情……然而，也因如此，人们的信仰开始变得有些杂乱无章，以至于有时候我们自己都分辨不清我们的信仰是什么！

> 信仰是生命的精神支柱，也是我们寻求的生命的意义。无论生活在任何时代，我们都需要寻求一个属于自己的信仰。有了信仰，生命就有了方向；有了信仰，生活就有了动力。倘若迷失了信仰，就等同于失去了生命的精神支柱，人生就会变得迷茫，我们就会像一个漫无目的、四处漂泊的流浪者，没有灵魂地活着！

生命本没有意义，有了『信仰』，生活才有了动力，人生才有了追求，生命才有了意义。

第五集

生命的价值

> 生命就像一场无所谓目的的旅行!
> 度假之旅是到某地走一遭,欣赏一下当地的美景,品尝一下当地的美食,体验一下当地的风土文化;人生之旅是到这世上走一遭,体验一下人生的经历,感受一下生命的价值!

信仰赋予人们生命的意义,但信仰并不等于生命的价值。如果我们活着只是为了追求信仰,或者是为了给生命赋予意义,那么生命又有什么意义呢?

我们之所以会建立信仰,是希望信仰赋予我们生命意义之后,人生就有了动力和方向,生命也会因此而变得更加精彩。

信仰是我们为了更好地生活而建立的一种精神寄托,我们希望用信仰来服务于我们的生命,让生命变得更有价值!

/ 在体验中感受生命的价值 /

"我们赤裸着来到世上,又赤裸着回去,什么也没带来,什么也带不走"。那么我们为什么还有拼尽全力地活着呢?的确,从生命的诞生和结果来看,生命确实显得毫无价值,努力和奋斗也显得毫无意义。所以,我们只能把目光转移到生命的过程中,从生命的过程中去寻找答案!

如果我们把生命看做是一次旅行,在旅行中,我们会有丰富多彩的人生经历。每一次经历都会是一次体验的过程,每一次体验都会有不同的感受。一次婚礼的经历和体验,我们能感受到爱情的甜蜜;一次共享美食的经历和体验,

> 信仰赋予人类生命的意义,体验和感受让生命有了价值。

第五集

我们能感受到饱餐的幸福；一次携手并肩的经历和体验，我们能感受到情感的真挚；一次失败的经历和体验，我们能感受到失落与伤感；一次成功的经历和体验，我们能感受到进步的快乐和收获的美满。

我们的人生就是在这些不同的经历和体验中度过，有惊喜，也有失落；有平平淡淡，也有大起大落；可能会经历刻骨铭心的痛楚，也可能会流下幸福的泪水！

/ 生理感受和心理感受 /

体验的感受分为生理感受和心理感受。生理感受是我们作为生命有机体，在体验中因生理需求而获得的感受，如饥饿、饱腹、口渴、寒冷、温暖、困乏、疲惫、性欲等；心理感受是我们在体验中因精神需求而获得的感受，如思念、不舍、幸福、快乐、孤独、寂寞、虚荣、爱慕、讨厌、憎恨等。生理感受是动物本能的知觉反应，其他动物也都会有；与其他动物不同的是，人类有着更为复杂的心理感受和情感变化！

生理感受和心理感受是相互影响和相互干扰的。生理感受反应的是身体状态，心里感受反应的是内心状态。身体状态会影响心理感受，心理状态也会影响生理感受，抑郁症、肠易激综合征就是因长期心理状态不好而导致的生理疾病。

无论是生理感受还是心理感受，体验带来的感受都不会太长久，一次美好的体验，即便我们再不舍得，幸福的感觉也会慢慢消失；一次糟糕的体验，即便我们再难忍受，痛苦的感觉也会逐渐变淡！所以，时间是消磨美好的利器，也是治愈痛苦的良药！

/ 体验的感觉是在"对比"中产生的 /

体验的感觉是在对比中产生的，只有我们体验过什么是不美好，才能感受到什么是美好！

体验过失去的痛苦，我们才能感受到拥有时的美好；体验过困难时的无奈，我们才能感受到克服困难之后

> 信仰赋予人类生命的意义，体验和感受让生命有了价值。

的喜悦；
体验过一个人的孤独，我们才能感受到身边有人陪伴时的温暖；
体验过久别的思念，我们才能感受到重聚时的热情；
体验过奔波劳碌时的心力交瘁，我们才能感受到安安稳稳时的幸福美满！

对于一个饥饿的人来说，一顿饱餐会是一次美好的体验；对于一个常年在办公室里工作的青年白领来说，一次野外郊游会是一次美好的体验；对于一个土生土长的山村孩子，进一次繁华的大都市会是一次美好的体验；对于一个久病初愈的老人，跳一次广场舞也会是一次美好的体验。正是因为有了这些对比的出现，才使得我们的体验有了不一样的感受。

/ 体验让生命有了价值 /

体验有美好的，有不美好的。美好的体验给我们带来美好的感受，给生活带来希望；不美好的体验虽然给我们带来了不美好的感受，但它却为美好的体验做好了铺垫。也因为有了不美好的体验作对比，我们才能感受到美好的体验的美好。"美好的经历和体验"与"不美好的经历和体验"是一种共生、共存而非对立的关系，生命里同等重要，缺一不可！

不同的经历给我们带来了不同的体验，不同的体验又给我们带来了不同的感受。生命给了我们经历和体验的机会，体验和感受让生命有了价值！

我们在不同的经历和体验中感受生命的价值，生命的经历和体验愈是丰富多彩，生命也会显得越有价值。任何缺乏经历和体验的生活都是不健康的，因为它牺牲了我们的感受，就减损了生命的价值！

/ 生命是一场无所谓目的的旅行 /

度假之旅是到某地走一遭，欣赏一下当地的美景，品尝一下当地的美食，体验一下当地的风土民情；人生之旅是到这世上走一遭，体验一下人生的经历，感受一下

信仰赋予人类生命的意义，体验和感受让生命有了价值。

第五集

生命的价值!

　　旅行最重要的目的并不是为了在目的地留下什么，或者从目的地带走什么，而是在于旅行过程中的体验和感受到了什么。生命之旅亦是如此，体验过，感受过，便不虚此行，至于能否在世间留下什么光辉的业绩，并没有那么重要。我们不是为了达到某个目的而活着，即便我们在生命中会为自己设定各式各样的目标，但目标并不等于目的，目标只是作为人生的向导，目的还是为了使我们在生命之旅的过程中获得更好的体验和感受!

　　生命的价值并不在于我们拥有多少财富、名望、地位，或者最终能留下些什么，而在于生命的过程中，我们经历过什么、体验过什么和感受过什么!

　　想要不枉此生，就应该做点自己喜欢做的事，为自己想要做的事努力拼搏一把，哪怕结果失败了，但我们仍然收获了过程中的体验和感受，这便已然是生命给予我们最好的回报。

世界如此的丰富多彩，有太多值得体验和感受的东西，我们应该学会感恩大自然的馈赠，让我们有机会体验这次生命之旅！

/ "起点低"未尝不是一种优势 /

就像刚刚说的，生命的价值不在于起点和终点我们拥有什么；而在于我们从起点到终点的经历中，体验过什么以及有着什么样的感受！生命中很多快乐和幸福的时刻来自于努力过后的进步和缺少的东西得到满足。起点低给了我们更广阔的进步空间，让我们在成长的过程中有更多的机会体验进步的美好。起点低也让我们的"缺少"更容易得到满足，因而也就更容易获得幸福和快乐。所以，在某种意义上，起点低也是上帝给予我们的恩赐！

试想一下，倘若我们一生下来便拥有了一切，我们活着是为了什么？我们又将从哪里体验获得的满足感，从哪里享受进步的美好呢？

> 信仰赋予人类生命的意义，体验和感受让生命有了价值。

第五集

敬畏生命,敬畏死亡

> 有了死亡,我们才懂得了惜生;有了死亡,活着才不再盲目;有了死亡,人生才会更有计划;有了死亡,生活才会更有规律;有了死亡,人生才有了节制;有了死亡,生命才会更有价值!

/ "生而有亡"是生命的自然规律 /

> "有物混成,先天地生。寂兮廖兮,独立不改,周行而不殆,可以为天地母。吾不知其名,字之曰道,强为之名曰大"。
>
> ——《道德经》

老子借用一个"道"字代指宇宙间的自然规律是客观存在的,不以人的意志为转移。而生与死,不过是这万千自然规律的一种。生命从诞生到成长,从成长到逐渐强盛,最后走向衰亡,这是生命发展的自然规律。人也是这自然生命中的一员,所以,人也免不了有生、老、病、死。

我们生于自然,长于自然,死亡让我们回归自然,也让生命有了归宿!

自然赋予我们生命,就必然要求我们也要遵循这"生而有亡"的自然规律。我们无法逃避死亡,事实上,我们每天都在接近死亡。死亡本身并不可怕,真正可怕的是我们对死亡的畏惧。或许我们畏惧死亡并不是畏惧死亡本身,而是我们对生的贪恋和对生命的不知足;对生的贪恋和对生命的不知足或许也并不是因为生命的短暂,而是源于我们对生命的无知。

倘若我们不理解什么是生命,只是庸庸碌碌地追随别人的足迹生存在这世上,我们又怎么能在有限的生命里真真切切地感受到自己的生命价值呢!我们在潜意识里担心自己到死可能也追不上"别人的脚步",所以,我们才会不知足,才会贪生,才会害怕老去,害怕生命一去不复返,自己却只留下遗憾在人间!

/ 对立的平衡 /

> "天下皆知美之为美,斯恶矣;天下皆知善之为善,斯不善矣"。
>
> ——《道德经》

自然界的事物往往都是相对出现的,善与恶、美与丑、阴与阳、冷与暖、穷与富、福与祸、得与失、苦与甜、长与短、远与近、强与弱、生与死,无不如此。它们同时出现,同时消失,相互对立,相互统一,相互变化,相互依存,相互平衡,这是"自然之道"!

不知有苦,我们便不知有甜;
不经历失去,我们便体会不到拥有之幸;

不经历贫困，我们便不知何为富足；

不见短，我们便不知有长；

不知死，我们便不懂惜生。

正是因为其对立面的存在，我们才能感受到它们存在的意义与价值。

/ 死亡的价值 /

罗伯特·西奥迪尼说："不管是什么东西，只要你晓得会失去他，自然就会爱上他了。"的确，死亡会让我们失去生命，所以我们才会如此地爱惜生命！死亡是生命的终点，但死亡为生命带来的价值却是不可磨灭的。

有了死亡，我们才学会了珍惜生命；

有了死亡，我们活着才变得不再盲目；

有了死亡，我们的人生才有了计划；

有了死亡，我们的生活才会更有规律；

有了死亡，我们的人生才有了节制；

有了死亡，我们的生命才会更有价值！

> 我们生于自然，长于自然，死亡让我们回归自然，也让生命有了归宿！

第五集

/ 浮生若梦，知足常乐 /

> "峨冠大带之士，一旦睹轻蓑小笠，飘飘然逸也，未必不动其咨嗟；长筵广席之豪，一旦遇疏帘净几，悠悠焉静也，未必不增其绻恋。人奈何驱以火牛，诱以风马，而不思自适其性哉？"
>
> ——《菜根谭》
>
> 译：头戴高冠腰系宽带的达官显贵，一旦看见身穿蓑衣头戴斗笠者的洒脱飘逸，未必不会感慨嗟叹。家居排场生活奢华的贵族豪门，若看到窗明几净的小户人家的清静悠闲，未尝不会多几份眷恋之情。既然这样，人们为什么还要为了名利互相争斗，为了欲望不能自拔，而不去思考如何使自己恢复本性，去过安然自适的生活呢？

我们习惯于在没有的时候幻想着穷奢极侈的贵族生活，而那些已经拥有了锦衣玉食的人，却是在怀念平平淡淡、安安稳稳的普通人的幸福。到底什么才是我们想要的？如果我们一直都是对当下的生活不满足，我们拼尽全力地去追求更好又有什么意义呢?"生命有尽而欲望无穷",我们又如何能用有限的生命去填满无穷无尽的欲望沟壑呢?

幸福与是否拥有更多或更好并不是简单的"因与果"的关系,我们的贫、富、苦、乐也不在于拥有多少,而是在于是否满足于当下。"贪者常贫,知足常富。"不知足者,纵然良田千亩、广厦万间,仍然想要追求更多;知足之人,即使粗布麻衣、箪食瓢饮,便觉心有富足!

> 老子说"为学日益,为道日损"。追求学问,知识一天一天增加;但生存之道,欲念却要一天一天减少!

我们生于自然、长于自然、死亡让我们回归自然;也让生命有了归宿!

图书在版编目（CIP）数据

凉白开集 / 姚钦著. -- 上海 : 文汇出版社,
2022.9
　　ISBN 978-7-5496-3866-6

　　Ⅰ．①凉… Ⅱ．①姚… Ⅲ．①人生哲学－通俗读物
Ⅳ．①B821-49

　　中国版本图书馆CIP数据核字(2022)第152880号

凉白开集

作　　者 /	姚　钦	
责任编辑 /	戴　铮　　邱奕霖	
装帧设计 /	毛哲豪	

出版发行 /	文汇出版社	
	上海市威海路755号（邮政编码200041）	
经　　销 /	全国新华书店	
印刷装订 /	上海颛辉印刷厂有限公司	
版　　次 /	2022年9月第1版	
印　　次 /	2022年9月第1次印刷	
开　　本 /	889×1194　1/32	
字　　数 /	111千	
印　　张 /	6.875	

ISBN 978-7-5496-3866-6
定　　价 / 68.00元

版权所有，未经书面许可，不得转载、复制、翻印，违者必究。